LA SOCIÉTÉ POLARISÉE

BART BRANDSMA

LA SOCIÉTÉ POLARISÉE

DES EXTRÊMES ET DU MOYEN DE S'EN SORTIR

Traduit de l'anglais par
Johan-Frédérik Hel Guedj

PAYOT

Retrouvez l'ensemble des parutions
des Éditions Payot sur

editions-payot.fr

Note de l'éditeur. La traduction a été faite, avec l'accord de l'auteur, à partir de la version en langue anglaise de son ouvrage. Les schémas et illustrations ont été réalisés par l'Atelier Guias.

TITRE ORIGINAL :
Polarisatie : Inzicht in de dynamiek van wij-zij denken

Pour Aly et Menno

AVANT-PROPOS

L'objectif de ce livre est la cohésion sociale. Il se veut pratique et utile. En cas d'incident, de conflit ou de polarisation, on doit pouvoir s'y référer pour éclairer la situation et développer ses propres compétences stratégiques. Il s'appuie aussi sur des concepts. Je me suis inspiré de certaines idées élégantes du philosophe René Girard pour comprendre les motivations des individus en conflit. Un vieux routier de la formation au dialogue, l'Irlandais Colin Craig, m'a également fourni des informations cruciales sur ce qu'il faut faire et ce qu'il vaut mieux éviter de faire. Le reste de ce qu'on va lire repose sur les formations, les ateliers, les conférences que je donne, anime et consacre au phénomène de la polarisation depuis 2006, ainsi que sur le terrain dans des pays comme l'Irlande du Nord et le Liban, l'Inde, le Cambodge, le Congo, le Myanmar, les Pays-Bas, la Belgique, la France, etc., partout où la polarisation requiert une certaine attention. Des acteurs de terrain ont amendé mon travail : gestionnaires de crise, responsables de la sécurité, spécialistes des relations publiques, experts en contre-terrorisme et en radicalisation, membres de la police, procureurs, maires, travailleurs communautaires, professionnels de santé, directeurs et cadres, journalistes, dessinateurs, formateurs d'enseignants, etc.

Dans une première partie, j'éclaire l'ingénieuse dynamique de la polarisation. Dans la deuxième partie, je me penche sur un phénomène intrigant, le conflit, et sur son interaction avec la polarisation. La troisième partie présente des solutions stratégiques à la polarisation et les outils que j'utilise. J'espère ainsi aider à agir efficacement lorsque l'on est confronté à la pensée du « nous contre eux ». Pour de nombreux professionnels, cette question est cruciale.

PREMIÈRE PARTIE

Comment ça marche, la polarisation

1

Les trois lois de la polarisation

Il pourrait être utile de ne pas simplement considérer la polarisation comme un problème. Plus précisément : de ne pas voir en elle, dès l'abord, une cause de discrimination, d'injustice et de violence. La polarisation, c'est plus que cela.

Bien entendu, je n'entends pas esquiver la gravité ou les conséquences de la polarisation. Nous ne savons que trop bien qu'elle oppose les uns contre les autres des pays et des chefs de gouvernement, qu'elle peut diviser des groupes entiers de population, et ce, qu'il s'agisse d'intérêts divergents, d'un conflit religieux, ou d'une couleur de peau différente. La polarisation risque facilement de dégénérer en dynamique violente, causant du tort aux individus, semant l'angoisse, incitant à la terreur et au meurtre. Cela, nous le savons tous, je n'ai donc pas besoin d'y revenir ici.

Ce qui m'importe, c'est de fournir à la polarisation, qui est la pensée du « nous contre eux », une réponse *raisonnable* et de viser à l'efficacité. Or, si l'affaire est sérieuse et urgente, elle est loin d'être évidente, comme on va le voir. En prenant par rapport à la polarisation une distance philosophique, je voudrais lui bâtir un cadre conceptuel offrant également de nouvelles opportunités, un cadre qui nous permette de mieux évaluer les circonstances propres à la conjoncture actuelle et le rôle que nous y jouons, et un cadre qui soulève des questions.

Comment la polarisation fonctionne-t-elle dans l'interaction entre l'homme politique et le citoyen ? Quel est l'impact de la pensée du « nous contre eux » sur la crise des réfugiés, qui a dressé l'Europe contre les migrants ? Quel est l'impact de la dynamique du « nous contre eux » sur la qualité du journalisme ? Au sein de notre société, quel est l'effet de la polarisation sur les jeunes radicalisés, sur le travail des professionnels de la police, sur le point de vue adopté par un maire lorsque des tensions apparaissent dans des quartiers défavorisés de sa ville ? Que fait un enseignant lorsque sa classe se polarise sur une pensée en noir et blanc et quand la nuance ne cesse de perdre du terrain ? La pensée du « nous contre eux » existe dans la société aux niveaux micro, méso et macro – les médias le démontrent quotidiennement –, ce qui rend surprenant le fait que, jusqu'à présent, nous n'ayons pas disposé d'un cadre solide pour la comprendre en profondeur. Il nous manque ce cadre de pensée, une grille qui décrive non seulement les principes et les rôles, mais aussi les obstacles et les opportunités.

Certes, il existe des ouvrages utiles traitant d'un phénomène connexe : le conflit. Son fonctionnement a fait l'objet d'analyses approfondies dans le cadre d'un domaine spécifique, celui des « études sur les conflits » *(conflict studies)*. Des sessions de formation vous permettent d'acquérir les compétences nécessaires en vue de gérer ces conflits, car à la notion de « traitement des conflits » s'ajoute celle de « gestion des conflits ». Sur la base de ce que nous savons du phénomène des conflits, en tant que dirigeant ou que manager, vous pouvez apprendre à jouer un rôle efficace, étayé par des connaissances scientifiques. En somme, nous avons soigneusement réfléchi aux principes du phénomène conflictuel et à la psychologie des acteurs du conflit. Nous avons appris à agir sur le conflit.

La polarisation, quant à elle, est souvent considérée comme un conflit ayant une certaine ampleur, qui aurait échappé à tout contrôle. Nous la combattons avec les mêmes méthodes que celles que nous appliquons aux conflits. Il en résulte de nombreuses lacunes. Car les deux phénomènes n'ont rien à voir l'un avec l'autre. Un conflit met en scène des parties directement impliquées, les « propriétaires du problème », que vous êtes en mesure d'identifier. Dans le conflit prolongé qu'a vécu l'Irlande du Nord, que l'on a fini, au fil des ans, par qualifier de « troubles », pratiquement tous les habitants de Belfast étaient impliqués, en fonction de leur identité religieuse, catholique ou protestante. Il s'agit là d'un conflit. Que l'on soit d'un bord ou de l'autre, *chacun s'approprie le problème.* Comme lors d'une bagarre nocturne dans un pub, nous parlons toujours de « propriétaires du problème », et il en va de même pour les conflits. Tous ceux qui écopent d'un œil au beurre noir ou d'une autre blessure physique sont impliqués. La caractéristique d'un conflit, c'est que les acteurs ont choisi une position, ils sont partie prenante, qu'ils le veuillent ou non. Il n'est pas difficile de reconnaître les personnes impliquées. L'un veut se battre, l'autre essaie de trouver un compromis rapide, et le troisième tente d'éluder le problème : c'est celui qui pratique l'évitement. Pourtant, même ce dernier ne peut nier qu'il contribue à l'augmentation de la tension ; la propriété du problème reste incontestée.

Dans le cas de la polarisation, les choses sont complètement différentes. En principe, la pensée du « nous contre eux » implique toujours le choix d'assumer ou non la position de propriétaire du problème. La décision de participer est en soi un choix crucial pour les « acteurs ». Allons-nous, oui ou non, participer à la pensée en noir et blanc, et dans quelle mesure ? Qu'il s'agisse de la polarisation « musulmans contre non-musulmans » que l'on observe dans le monde entier, de la confrontation aux États-Unis entre « une police blanche et la partie afro-américaine de la collectivité », ou du conflit entre riches entrepreneurs et employés pauvres, les individus ont souvent le choix de se sentir partie prenante, ou, au contraire, de préférer rester à l'extérieur. C'est là une différence caractéristique entre le conflit et la polarisation.

Dans un conflit, vous pouvez identifier – qu'ils le veuillent ou non – les responsables de celui-ci, et rien ne vous empêche donc d'appliquer une gestion des conflits. Il en va différemment de la polarisation, car la question est de savoir qui joue un rôle décisif, à qui l'on peut ou l'on doit s'adresser. Où commencez-vous à gérer la polarisation ? Après chaque attentat terroriste de Daech[1] en Europe, les musulmans ont été invités à se désolidariser, même s'ils ne se considéraient pas eux-mêmes comme des sympathisants ou des opposants de Daech.

Avec la polarisation, il est difficile de déterminer qui est responsable, qui sont les acteurs clés, autrement dit : les propriétaires du problème. C'est un obstacle au développement de la gestion de ce phénomène. Dans les cas de polarisation graves, il y a toujours quelqu'un qui veut se faire le porte-parole de larges couches de la population, mais en soi, cela devrait suffire à nous rendre méfiants. Le phénomène de polarisation met toujours en scène des acteurs changeants qui interagissent les uns avec les autres. Certains restent fidèles au rôle qu'ils ont choisi, tandis que d'autres se montrent vagues et

1. Je préfère utiliser le terme Daech (acronyme arabe de l'État islamique) en lieu et place d'État islamique, car ce terme a eu un effet ingénieux sur la polarisation. Les radicaux l'utilisaient pour mobiliser la communauté musulmane en dehors de la zone de guerre et l'attirer dans la bataille. Je préfère ne pas prêter le flanc à cette tentative d'associer les musulmans pacifiques d'Europe et d'ailleurs à la violence de la guerre.

insaisissables. Et alors que dans un conflit il est possible d'indiquer clairement quelles parties et quels intérêts sont en jeu, la polarisation met en évidence un ensemble variable d'acteurs qui, en termes d'intérêts, se comportent parfois de manière totalement illogique. Une analyse des intérêts n'explique pas de manière inconditionnelle le comportement erratique des gens ou les escalades que nous observons dans une polarisation croissante. Il est clair que d'autres principes sont à l'œuvre. Cela explique en partie notre remarquable impuissance face à la polarisation.

La polarisation est un phénomène qui a sa propre dynamique et obéit à ses propres principes, dont nous n'avons qu'une compréhension limitée. Toutes sortes de personnes y jouent un rôle, y mettent leur grain de sel, mais au bout du compte personne n'en assume la responsabilité. Qui a renforcé la polarisation entre musulmans et non-musulmans ? Le pape François ? Le président turc Erdogan ? Les pirates de l'air du 11-Septembre ? La rédaction de *Charlie Hebdo* ? Était-ce le « journalisme occidental » ? Était-ce l'imam local qui sème la haine, ou le populiste qui joue sur les marges d'extrême droite de l'échiquier politique ? Était-ce Barack Obama, qui s'exprimait sur un ton modéré, ou son successeur Donald Trump, qui chercha continuellement la confrontation ? Qui incite ? Qui agit ? Les protagonistes sont aussi actifs qu'insaisissables. Nous pouvons toujours prendre du recul par rapport à la polarisation, éviter d'y jouer un rôle personnel ou nier toute responsabilité. C'est l'une des principales raisons pour lesquelles, jusqu'ici, personne n'a jamais tenté de développer une réflexion aussi complexe que celle de la gestion pratique de la polarisation.

Voilà où nous en sommes. Par où commençons-nous, et par qui ?

La polarisation est une construction mentale

Commençons par le commencement. Pour comprendre en profondeur la polarisation, nous devons considérer trois lois fondamentales qui sont autant d'éléments de base de cette polarisation. La première, c'est qu'une « construction mentale » y joue le rôle principal. Tout se passe dans notre tête. Il s'agit de penser en termes de « nous contre eux ». Une construction mentale crée tout ce que vous pouvez vous imaginer à propos de ce « nous contre eux ». Vous ne pouvez pas observer la polarisation directement ; c'est un phénomène abstrait, un concept. Il s'agit de mots, de perceptions et d'idées qui sont tous très différents, par exemple, d'un conflit physique.

Dans un conflit physique comme le fut l'attentat du Bataclan, vous entendez les rafales de kalachnikov et voyez les gens fuir des assaillants qui crient « Allahou akbar ». Ici, la polarisation est omniprésente, sans qu'on puisse toutefois l'observer. Pour l'observer, il faut aller au-delà de la violence directe. Alors seulement, nous finissons par trouver une construction mentale : l'idée d'un nous, « l'Occident libre », contre eux, « Daech et le califat ». Deux identités abstraites s'affrontent ici et chacune veut exclure l'autre.

Quelques mois avant le Bataclan, la polarisation Daech-*Charlie Hebdo* cristallisait le concept du « monde libre et de la démocratie » contre celui du « califat et de la charia ». Ce conflit englobait le public des théâtres, le personnel de la rédaction et les caricaturistes, capitalisant sur une polarisation ancienne et préexistante, celle du « musulman contre le non-musulman », éventuellement formulée de la sorte : « les fidèles musulmans contre les kafirs ou les infidèles ». Des événements similaires se sont produits la veille du nouvel an 2016, après une série d'agressions à la gare centrale de Cologne. La polarisation « Allemands contre réfugiés » s'est rapidement transformée en une autre conception : « les Allemands civilisés ayant une haute opinion de l'égalité de l'homme et de la femme » contre « les opportunistes effrénés utilisant des demandeurs d'asile aux idées islamiques dépassées concernant la subordination des femmes ». De ces deux épisodes, on peut déduire le concept abstrait du « nous contre eux ».

Autre exemple. Il y a des femmes, des hommes, c'est un fait observable, biologique. La polarisation n'existe que si nous attribuons des caractéristiques spécifiques aux pôles opposés « homme » et

« femme ». Nous pouvons les opposer fortement l'un à l'autre en chargeant l'identité des pôles opposés de significations qui s'ajoutent aux faits biologiques neutres. Ce que cela signifie d'être une femme ou un homme est déterminé socialement et culturellement ; les identités des deux pôles sont chargées. Être une femme dans le monde de la mode, ce n'est pas pareil que d'être une femme en politique. Être une femme au Zimbabwe, ce n'est pas pareil que d'être une femme en Suède. De même, dans le monde entier – toujours à titre d'exemple –, il y a des gens de « l'Ouest » et des gens de « l'Est ». C'est indéniable. Nous pouvons également documenter concrètement la chose en examinant la commune dans laquelle les individus sont enregistrés. Mais la polarisation (la construction mentale) commence lorsque nous savons avec la dernière certitude que, par exemple, un pôle se révèle extrêmement matérialiste tandis que l'autre s'avère exceptionnellement spirituel. L'un est individualiste et expressif, tandis que l'adversaire est un animal indirect, partie d'un troupeau, qui préfère attendre.

Dans la polarisation, deux identités sont toujours opposées. Elles sont toutes deux évidentes, présentées comme des faits. Hommes contre femmes, Blancs contre Noirs, politiciens contre citoyens. Le passage à la polarisation ne s'accomplit qu'en chargeant ces distinctions de certaines significations dont ces identités pourraient être porteuses. Les hommes, par exemple, sont actifs et doués pour les tâches techniques, tandis que les femmes sont passives et recherchent avant tout une conversation agréable. Les Noirs sont opprimés et ils ont une mentalité de victimes, et les Blancs doivent prêter garde à leur passé colonial, car ils sont les descendants des oppresseurs. Les hommes politiques sont accusés d'être « l'élite qui aime le goût du pouvoir », et le citoyen peut soudain être qualifié d'« homme de la rue qui sait en réalité de quoi il retourne et qui ne se laissera pas berner ».

Sur la base de ce premier fondement, il est important de constater que des antithèses neutres par nature – des opposés directs – deviennent chargées de sens. Il peut s'agir d'une charge négative ou positive, cela ne fait aucune différence. En réalité, toute charge renforce la polarisation en confirmant les deux pôles dans notre esprit, présentés comme des opposés. La remarque « les femmes sont douées pour le multitâche » (positive) est tout aussi polarisante que la remarque « les femmes sont incapables de se garer en marche arrière » (négative). Dans les deux cas, la polarisation est renforcée : une identité (l'homme) est mise en contraste avec l'autre (la femme), en tant que pôle opposé. Il en résulte une focalisation sur l'altérité de l'autre, et l'accent mis sur l'identité revêt toute son importance.

Il y a là, à la fois, un bon et un mauvais côté. Le mauvais côté, c'est que nous ne pouvons pas nous passer de la polarisation. Nous établissons des distinctions – nous pensons en termes de « nous contre eux » – et nous avons une forte tendance à nous raccrocher à ces distinctions. Comme je vis à la campagne, je me distingue des gens qui ont une « mentalité urbaine ». Plus j'y réfléchis, plus j'apprécie mon jardin et les prairies alentour. C'est pourquoi les ex-fumeurs perçoivent un fossé entre eux et les personnes qui n'ont pas eu le bon sens d'arrêter la cigarette. Nous nous construisons sur des images de pôles opposés et, en attribuant à « l'autre » des caractéristiques, nous définissons également ce que nous sommes nous-mêmes. La polarisation est étroitement associée à la création ou à la confirmation de sa propre identité. Elle est créatrice d'identité, et c'est pourquoi nous en avons besoin. Nous ne cessons de la pratiquer, sans relâche.

Mais cela peut avoir aussi un bon côté, car, avec la polarisation, nous nous penchons sur les concepts, les « cadres » à l'intérieur desquels nous pensons. Nous pouvons les influencer, les orienter et même les manipuler. Ces cadres sont malléables, dans une certaine mesure. Il est parfois possible de les modifier, de les briser ou même de les remplacer complètement. Cela requiert quelquefois beaucoup de recherche, mais d'autres fois cela relève de l'évidence ou vient même sans effort. La polarisation entre les villes néerlandaises rivales de Rotterdam et d'Amsterdam, et par extension de leurs équipes de football, Feyenoord et Ajax, s'évapore lorsque l'équipe nationale néerlandaise doit jouer contre une équipe étrangère. Surtout si l'adversaire est l'éternel rival et voisin des Pays-Bas, l'Allemagne. Par ailleurs – et c'est culturellement bien plus important que l'exemple du football –, vous pouvez l'examiner à la transformation de la distinction homme-femme. Au cours de la première moitié du XXe siècle, cette distinction comportait une charge qui était fortement contestée par le mouvement des femmes. Les femmes mariées n'étaient pas autorisées à travailler ; elles sont entrées dans le XXe siècle sans droit de vote et leur rôle principal dans la vie restait celui de mère. Le contraste avec l'homme, soutien de famille et chef de famille, était énorme. La polarisation qui a fait rage lors de la vague féministe des années 1970 a permis de gagner quantité de choses – mais pas tout – pour modifier le cadre homme-femme. Même les contradictions les plus anciennes – les certitudes sur les identités – peuvent s'effondrer. C'est une bonne chose que la polarisation soit une construction mentale. De ce fait, nous ne sommes pas impuissants.

La polarisation a besoin d'être alimentée en permanence

La polarisation a besoin de carburant. Elle fonctionne comme un feu de cheminée qu'il ne faut pas laisser trop longtemps sans surveillance. On doit sans cesse revenir ajouter une nouvelle bûche dans l'âtre. Si vous ne le faites pas à temps, il sera plus difficile de raviver la flamme. Si vous arrêtez de fournir du combustible, la polarisation s'effondre. Elle perd en intensité et finit par s'éteindre complètement.

Dans les régions les plus septentrionales de la Scandinavie, les Norvégiens et les Lapons ont tendance à penser en termes de « nous contre eux ». Les Norvégiens considèrent que les Lapons ne sont pas des gens très recommandables : ils boivent trop et ne tiennent pas leurs promesses. C'est inhérent à l'identité lapone – les Norvégiens se le répètent à l'envi – car ils se considèrent comme plus lapons que norvégiens. En multipliant les déclarations sur l'identité lapone, les Norvégiens alimentent une polarisation qui dure depuis bien longtemps. Quant à eux, les Lapons se considèrent à l'opposé des Norvégiens, et eux aussi savent exactement pourquoi : « Les Norvégiens se croient tellement supérieurs qu'ils veulent nous imposer des règles qui ne sont pas les nôtres et, en fin de compte, on ne peut pas leur faire confiance. Ils ne sont pas fiables. Et puis, nous ne voulons pas qu'on nous appelle des Lapons. C'est une insulte. Nous, nous sommes des Samis ! » Chaque déclaration sur l'identité du pôle opposé – Sami ou Norvégien – alimente ce problème permanent.

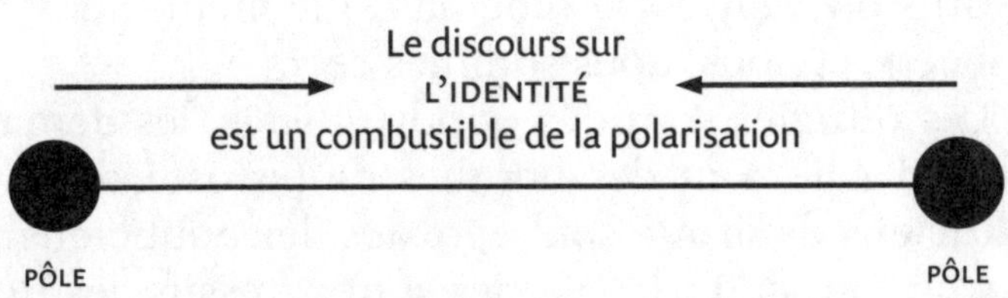

Figure 1. Le champ de tension.

Mais ce phénomène peut aussi se produire sur un court laps de temps. Lors d'une formation sur la polarisation, j'avais prévu deux groupes différents le même jour. La transition devait s'effectuer à la mi-journée, vers l'heure du déjeuner. Un excellent déjeuner. Le premier groupe a englouti les sandwichs au jambon et au fromage, et puis il est parti. Quand le second groupe est arrivé, il ne restait plus assez à manger. Ce fut le déclencheur d'une polarisation. Le groupe de l'après-midi considéra que le groupe du matin était asocial. Une personne mentionna que ceux du matin venaient de toute façon d'un département qui travaillait dans son coin, sans se soucier des autres. Le groupe de l'après-midi n'aurait jamais eu l'idée de se gaver égoïstement ! Les identités des deux parties impliquées dans cette polarisation « matin contre après-midi » trouvèrent sans peine de quoi se nourrir. On voit ici, comme dans l'exemple précédent, les caractéristiques du carburant de la polarisation. L'identité de l'autre est placée au centre, et les individus émettent des avis sur cette identité (groupe du matin ou groupe de l'après-midi, Samis ou Norvégiens). Que ces avis soient positifs, négatifs ou neutres, le schéma est le même : eux, ils sont cela, et nous, nous sommes ceci.

Les réfugiés sont des opportunistes, les demandeurs d'asile sont des bombes de testostérone, les politiciens de droite sont égoïstes, les politiciens de gauche sont naïfs, les Serbes sont agressifs, les Bosniaques sont retors, les Berbères sont arriérés, les Turcs ne sont pas ouverts, la police discrimine, les politiciens ne cherchent qu'à gagner des voix, les banquiers pensent uniquement à prendre notre argent, les Polonais sont des profiteurs, les Polonais sont de bons commerçants, Obama est bon, Trump est mauvais, les catholiques sont des hypocrites, les protestants ne valent pas mieux. Autour de la Méditerranée, tout le monde est hospitalier et facile à vivre ; en Scandinavie, les gens sont dépressifs et il faut attendre une éternité avant d'établir un vrai contact avec quelqu'un. Aucune de ces affirmations n'est fidèle à l'identité de l'autre, mais toutes alimentent une certaine polarisation. Les dénégations ont exactement le même effet : les réfugiés n'ont pas eu d'autre choix que de quitter leur maison, les demandeurs d'asile sont des pères et des mères de familles ordinaires, les politiciens de droite se battent pour leur idéal de liberté et de non-dépendance, les politiciens de gauche vibrent pour leur prochain, la police agit toujours sans préjugés… Pour chaque affirmation négative, on peut formuler une contre-affirmation positive, en lien avec la façon dont nous pouvons penser l'autre. Cependant, cela n'a aucune incidence sur le carburant même de la polarisation. Si l'identité de l'autre est centrale, liée à une affirmation sur la nature de cette identité, nous alimentons la polarisation ; c'est la pensée du « nous contre eux ». De ce point de vue, affirmer que « les homosexuels sont des pervers » ou que « les homosexuels sont aimables et sympathiques », cela revient à fournir du carburant à la polarisation. Qu'elles soient bien ou mal intentionnées, ce sont de simples affirmations sur l'identité de l'autre.

Cet aspect – du moins, à ce que j'ai pu observer – ne s'impose que très progressivement. C'est dû à la troisième loi de la polarisation, que nous allons aborder dans un instant. Les affirmations qui alimentent en carburant la polarisation laissent aisément entendre que nous échangeons des faits entre nous, qu'en étant d'accord ou en désaccord avec des déclarations sur nos identités, nous pouvons élever le débat à un niveau supérieur. En esquissant l'identité de l'autre – c'est-à-dire notre pôle opposé –, nous voulons partager nos connaissances sur cet autre, nous ouvrons la discussion de la manière la plus forte possible. Il semble donc que nous agissons là dans le domaine du raisonnable et du dialogue. C'est une illusion.

La polarisation parle à nos instincts

La polarisation nous parle « au ventre », elle est purement émotionnelle, instinctive. Plus elle gagne en intensité, plus la quantité de matériel conversationnel – le débat et la discussion – augmente, et plus le niveau rationnel diminue. Le philosophe dirait qu'en tant que mode de persuasion, le « logos » (l'appel à la logique) ne compte pas et que c'est le « pathos » (l'appel à l'émotion) qui importe. Cela explique en partie notre impuissance face à la polarisation. Les maires, les politiciens, les enseignants, etc., tous aimeraient pouvoir rétablir le calme d'un seul mot bien ciblé. Mais quelle que soit la qualité de leurs appels à la retenue, ils restent inefficaces. Car ils n'atteignent pas la tête. Dans la plupart des cas, ils ont même plutôt tendance à toucher aux tripes.

L'affaire du meurtre de Marianne Vaatstra, une jeune fille de la Frise, dans l'extrême nord des Pays-Bas, que l'on retrouva violée et assassinée en mai 1999, illustre bien ce propos. Le coupable n'était pas identifié. Ce crime fut à l'origine d'une polarisation, qui dura des années, entre la population locale et les résidents d'un centre de demandeurs d'asile voisin. Les gens étaient convaincus qu'un occupant du centre avait commis le crime. Ils se battirent longtemps pour que l'on cesse de protéger le ou les coupables. La pensée du « nous contre eux » avait trouvé ainsi le moyen de s'enraciner profondément. Mais des années plus tard, le véritable coupable fut arrêté. Les faits étaient indéniables. Des prélèvements d'ADN avaient prouvé que le coupable était un habitant de la région, un éleveur de bétail blanc d'âge moyen, qui ne vivait qu'à un kilomètre et demi du lieu du crime. En pareille circonstance, quel degré de solidité réclame-t-on de telles preuves ? En l'occurrence, pour les personnes qui avaient tellement investi, et aussi longtemps, dans l'image qu'elles s'étaient faites de l'ennemi, ces éléments de preuves n'étaient pas assez solides. Dans la dynamique de la polarisation, les faits ne suffisent pas. Aujourd'hui encore, certains habitants de la Frise restent persuadés d'une chose : c'est vraiment un demandeur d'asile qui a commis ce meurtre.

Que peut-on déduire de cette troisième loi ? Que la raison (le fait de penser logiquement) n'apporte qu'une réponse limitée à la polarisation. L'échange de connaissances sur l'identité de l'autre, la compréhension des points de vue du pôle opposé, ont un effet tout aussi limité. C'est que, tout simplement, la polarisation n'est pas rationnelle. Un ressenti viscéral a sa propre logique, il est inconstant, et nous y sommes tous extrêmement sensibles. Penser en termes d'ennemis et d'amis, cela revient à s'entêter et à ne pas se laisser influencer par les faits. Et même si les faits démontrent le contraire, il restera toujours la théorie du complot.

La présence de plus en plus forte des théories du complot dans les salles de classe, par exemple, est un bon indicateur de polarisation. La théorie du complot est l'échappatoire qui vous permet d'avoir raison et de conserver votre point de vue alors que tous les faits démontrent le contraire. Il faut une théorie du complot pour soutenir que Marianne Vaatstra a été assassinée par un réfugié. Ce phénomène est, par exemple, également présent dans la polarisation Israël/Palestine. Le « complot juif » est une vieille rengaine ; ici, nous sommes censés être manipulés par un complot mondial. Et le 11-Septembre devait également être une conspiration ; ici, l'Amérique avait sacrifié ses propres citoyens afin de créer une image de l'ennemi. La théorie du complot permet à certains jeunes d'entretenir l'idée que tous les musulmans sont pacifiques et ne pourraient jamais rien causer de comparable au 11-Septembre. Ils cherchent le mal ailleurs. C'est la tentative ultime de s'accrocher à une polarisation dans laquelle nous pouvons continuer à nous justifier et à justifier nos images extrêmes de l'ennemi.

*

Résumons-nous. Dans une polarisation, des pôles opposés sont définis : nous contre eux. Il s'agit là d'un concept. Un pôle est opposé à l'autre et est chargé d'une signification. Cela implique une pensée du « nous contre eux ». On ne peut pas observer la polarisation. Elle existe, mais seulement dans notre esprit. Cette pensée peut persister – s'emparer de nous – tant que des individus lui fournissent du carburant. La polarisation a continuellement besoin d'être alimentée, et ce carburant consiste en des affirmations simplistes sur la nature de l'identité du pôle opposé. Sous sa forme la plus simple : nous avons raison, ils ont tort. Il en résulte une dynamique non rationnelle, à laquelle tout le monde est sensible et qui s'adresse à nos instincts. Une réfutation sensée ou rationnelle de la rhétorique de polarisation n'a qu'un effet limité.

2

Cinq rôles pour une polarisation

Dans toute polarisation, cinq rôles sont à l'œuvre. Savoir les distinguer permet de se positionner et, en fin de compte, d'élaborer une stratégie ou une gestion pratique de la polarisation. Le choix d'un rôle présente des avantages, mais aussi des inconvénients. Il implique toujours un prix à payer. La cohérence des cinq rôles présentés dans ce chapitre donne une image convaincante de la dynamique – ou, si vous préférez, du mécanisme – de la polarisation. Cette dynamique fonctionne de manière extrêmement ingénieuse et l'image en est extrêmement simple. En décrivant ces cinq rôles, je brosse un tableau de leur fonctionnement, de leurs pièges et, enfin, des opportunités qu'ils offrent, sans pour autant donner raison à l'un et tort à tous les autres. Chaque rôle est à la fois bon et mauvais ; nous les avons tous joués à un moment ou à un autre. Encore une fois, je ne souhaite pas qualifier ou disqualifier tel ou tel rôle. Mon objectif ici est d'identifier leur fonctionnement, afin que nous puissions choisir un rôle en toute connaissance. Cela vaut mieux que de se retrouver dans un rôle sans l'avoir voulu.

L'instigateur

Ce premier rôle se rencontre sur chacun des pôles opposés. La tâche de l'instigateur est simple : fournir du carburant à la pensée du « nous contre eux ». Il le fait souvent avec beaucoup de verve. Donald Trump est un instigateur. Dans la polarisation « États-Uniens contre Mexicains », il déclare : « Les Mexicains sont des profiteurs. » Geert Wilders et Marine Le Pen sont également des instigateurs. Dans la polarisation entre les Européens et les réfugiés, ils affirment : « Les réfugiés sont des bombes de testostérone » et « Ils ne peuvent pas s'intégrer ». Khalid El Bakraoui est un instigateur posthume. Dans son testament, le kamikaze de la station de métro Maalbeek, à Bruxelles, avait écrit, à propos de la polarisation entre l'Occident et Daech : « Les athées sont décadents. » Notez qu'à chaque fois, ce sont des déclarations très simples, réduites à une seule phrase, et même cette phrase-là est parmi les plus simples qui soient. L'autre est… Ils sont…

Mais attention : si l'instigateur d'un pôle agit en ce sens, celui du pôle opposé fait exactement la même chose. Dans la polarisation entre la droite et la gauche, les instigateurs de gauche (les « cosmopolites ») sont très sûrs d'une chose : « Les électeurs de droite ont tort », ils lisent les tabloïds, ne s'informent pas correctement (songez aux « fake news »), écoutent les agitateurs et sont de toute façon relativement peu éduqués. Tout à leur égoïsme, ils ne possèdent pas l'ouverture d'esprit nécessaire pour faire ce qu'il faut en faveur des générations futures. En d'autres termes, ce sont des cas désespérés. Selon l'instigateur, le mal se situe toujours dans le camp d'en face.

Figure 2. Instigateurs en opposition frontale.

Les instigateurs tiennent le rôle principal. C'est un rôle séduisant, qui possède un attrait en particulier : l'autosatisfaction (morale), selon laquelle « l'autre a tort à 100 % ». Les instigateurs sont sûrs de leur fait : il n'ont pas tort à 92 % ou raison à 98 % – il ont raison à 100 %. Cette certitude leur confrère beaucoup d'énergie : les instigateurs sont capables de déplacer des montagnes.

Cette autosatisfaction morale confère à la confrontation le caractère d'une guerre sainte. Sur le flanc droit, il faut s'opposer à l'« islamisation ». Pour les instigateurs du flanc gauche, c'est la discrimination, voire le racisme, qui sont en jeu. Cela vaut pour les deux parties d'un conflit : la pensée nuancée disparaît, et la pensée en noir ou blanc ne fait que renforcer la position de chacun. C'est pourquoi les instigateurs n'accordent aucune importance à la discussion ou au débat. Tout ce qui les intéresse, c'est de démontrer qu'ils ont raison, par la répétition et, si possible, par la création de (nouveaux) carburants. « L'autre est... Notre identité est opposée à la leur. Nous n'avons rien en commun, et c'est justement pour cela que chacun doit choisir son camp. » Les instigateurs qui se laissent aller à écouter l'autre perdent leur rôle de meneurs. On ne les voit jamais céder à cela.

Pourtant, le rôle d'instigateur a un coût, il exige parfois même un sacrifice. Celui qui s'investit dans ce rôle devient visible. C'est en effet l'intention, mais la dynamique émotionnelle peut aussi se retourner contre lui. L'homme politique néerlandais d'extrême droite Geert Wilders paie son combat contre l'islam d'une insécurité constante. Il est menacé de mort. Nelson Mandela a été emprisonné pendant de nombreuses années. Les djihadistes du quartier de Molenbeek, à Bruxelles, ont littéralement choisi une voie sans issue. Aux pôles extrêmes, il n'y a souvent qu'un seul chemin possible : vers l'extérieur, dans une direction encore plus extrême.

La caractéristique même de la polarisation qui installe l'instigateur, qui lui donne du pouvoir – à savoir qu'il s'agit ici d'une dynamique complètement instinctive –, rend également les choses imprévisibles. Le vent peut tourner. Un incident peut provoquer une volte-face émotionnelle. La polarisation n'est pas malléable en soi, et ne l'est pas davantage pour l'instigateur. À un moment donné, ce dernier joue son rôle avec brio, en fournissant le carburant, et l'instant d'après il perd tout contrôle. Dans la polarisation états-unienne entre Noirs et Blancs, qui, incident après incident, se concentre sur le conflit-type entre un policier blanc et un suspect noir, personne n'a encore su dominer ses émotions. Cela pouvait se retourner contre le Blanc Trump, mais tout aussi bien contre son prédécesseur Obama, premier président noir du pays.

La psychologie de l'instigateur est très particulière. Il est animé par son intransigeance morale, qui oriente ses efforts et lui fournit son plein d'énergie. Mais l'inconstance de la dynamique de polarisation rend sa position imprévisible. Et son aspect le plus caractéristique – « la seule voie possible est celle de l'extrême » – le rend à la fois vulnérable et puissant. Modérer son comportement signifie perdre la face. Personne n'a envie de paraître indécis, et certainement pas dans un conflit qui peut presque être considéré comme sacré et qui exige donc les sacrifices nécessaires. La nuance n'est pas à l'ordre du jour.

Le partisan

Les instigateurs créent un champ de tension entre deux pôles opposés. Ils formulent des prises de position en noir et blanc, et créent un choix dans ce champ de tension. Le choix principal n'est pas d'être dans un camp ou un autre, mais de participer ou non. L'instigateur tente de faire monter la pression de la polarisation. Et plus il réussit à brosser un tableau urgent de la situation, plus il exerce de pressions pour que l'on choisisse son camp dans ce clivage. C'est ce que fait le partisan. Finalement, il choisit un camp dans le champ de tension entre les pôles. Il ne le fait pas en approuvant totalement le point de vue de l'instigateur. Si le partisan choisit un camp, il continue néanmoins d'agir dans les limites du champ de tension. Il n'est pas aussi extrême que l'instigateur et il intègre souvent cette différence. L'instigateur conçoit, le partisan approuve « en partie » cette vision. Telle est la division des rôles.

Figure 3. Instigateurs et partisans.

Nous connaissons tous cet oncle qui aime mettre le feu aux poudres lors des soirées d'anniversaire : « Eh bien, à propos de l'islam, je ne suis pas tout à fait d'accord avec Donald Trump, mais nous avons besoin de quelqu'un comme lui pour dire les choses telles qu'elles sont. » Le partisan choisit un camp, mais ce n'est pas un instigateur. « L'homme fort des Philippines, Duterte, je ne suis pas d'accord avec lui, mais il a raison sur la question de la drogue. » Voilà un excellent exemple de ce que l'on peut attendre d'un partisan. Il est capable de retenir le meilleur des deux camps. D'une part, il n'est pas si extrémiste, il est toujours ouvert à la discussion, prétend-il. D'autre part, on ne peut jamais le qualifier de naïf. En cas de danger imminent, il passe à l'action, choisit un camp et s'y tient.

Les partisans échappent à la pression de la polarisation. Leur avantage, c'est qu'ils entrent dans le camp des sympathisants. Ils acquièrent un statut, ils hissent le drapeau. Pour eux, il s'agit là d'avantages psychologiques. L'inconvénient, c'est qu'en devenant partisans, ils révèlent au camp adverse leurs sentiments et ce qu'ils soutiennent. Ils ont fait leur choix et, surtout si la polarisation s'intensifie, il leur est pratiquement impossible de changer de camp. Dans le feu de l'action, ce serait une trahison. Dans les moments plus calmes de la polarisation, on parle d'indécision ou d'hésitation. Comme c'est le cas de l'attitude et de la position de l'instigateur, cela montre que le partisan est fondamentalement sur une voie à sens unique. Dans la pensée en noir et blanc, il est difficile d'être modéré. L'un des risques majeurs, c'est que l'instigateur aille « trop loin » aux yeux du camp des partisans. C'est pourquoi, dans un premier temps, le partisan se distancie toujours de l'instigateur, comme pour montrer qu'il n'a pas perdu son indépendance de pensée et de jugement. C'est aussi pour cela que l'instigateur vérifie soigneusement si son point de vue peut ou doit devenir un peu plus extrême, afin d'encourager la polarisation. L'instigateur possède comme personne la capacité d'évaluer le climat ou la température qui règne parmi les partisans. Les populistes de droite tels que Geert Wilders et Marine Le Pen choquent leurs partisans lorsqu'ils profèrent des déclarations sans tabou. Qu'il s'agisse de l'interdiction du burkini (le pendant du bikini) ou du niqab, du « renvoi des musulmans dans leur pays » ou des déclarations sur les « tendances criminelles de la communauté islamique », ils apportent à chaque fois de l'eau au moulin de la polarisation. Après la première vague de désapprobation, le camp des « partisans » s'empresse rapidement d'honorer le dernier coup d'éclat en date. C'est ainsi que nous franchissons une nouvelle étape vers une polarisation plus marquée entre musulmans et non-musulmans. De la même manière, la polarisation entre l'ordre établi et Wilders/Le Pen est renforcée dès qu'on les compare avec Hitler. Le schéma « vrai-faux » que les pôles opposés utilisent dans ce champ de tension ne cesse d'alimenter la polarisation qui se développe depuis des années.

En biologie humaine, nous reconnaissons l'avantage de la pensée en noir et blanc. Nous avons besoin d'établir la distinction entre l'ami et l'ennemi. Ce faisant, nous augmentons nos chances de survie. En ce sens, le partisan cède à un réflexe biologique que nous partageons tous. Lorsque le danger menace, nous voulons des certitudes, nous préférons être entourés de sympathisants plutôt qu'être isolés, pris entre deux maux.

Toutefois, à l'évidence, il y a des partisans de toutes les formes et de tous les formats. Près des pôles, nous trouvons l'aspirant instigateur. Ces individus sont très soucieux de justifier leur légitimité par des faits et des arguments. Les informations sur l'identité du pôle opposé doivent être négatives et sont également sélectionnées sur cette base. Toutes les informations qui soutiennent leur légitimité sont les bienvenues. Ce qui caractérise l'environnement des partisans proches du pôle, c'est leur capacité à capter les échos de leur propre légitimité. Les partisans et les instigateurs occupent des « chambres d'écho », comme l'ont observé les experts en radicalisation. Ils écoutent sélectivement, et de préférence l'instigateur de leur propre camp.

Vous pouvez reconnaître la position exacte du partisan à son empressement à entamer une discussion. Celui qui se tient près d'un pôle s'intéresse surtout au monologue qu'il génère. Le partisan qui se veut un peu plus modéré souhaite entrer dans une discussion avec l'objectif de prouver qu'il a raison. Dans cette discussion, sa propre rectitude d'esprit prévaut, mais il échange tout de même des idées. Le partisan qui souhaite participer à un débat se situe encore un peu plus près de la ligne médiane. La différence entre la discussion et le débat tient à une chose : dans un bon débat, les parties écoutent ce qui se dit, même si elles se montreront parfois un peu plus attentives à leur propre point de vue. Ce n'est qu'en atteignant le point médian que l'on peut espérer un autre type de conversation, le dialogue, dans lequel tous les points de vue occupent une place centrale. Un vrai dialogue formule une question ou un dilemme commun. Mais c'est un état de choses qui ne supporte pas la pensée en noir et blanc et qui, par conséquent, ne sert pas l'intérêt des participants, sans parler de celui de l'instigateur. Ce type de conversation nécessite d'autres interlocuteurs. Cela signifie qu'un troisième rôle doit entrer en scène.

Le groupe silencieux

Entre les deux pôles – à quelque distance des partisans –, il y a de l'espace pour une position intermédiaire. Au milieu du terrain, nous trouvons un groupe de personnes qui choisissent de ne pas prendre parti. Ni noir, ni blanc, mais gris. Parfois, l'indifférence peut être une explication simple. Tout le monde n'écoute pas les instigateurs, tout le monde n'est pas frappé par leurs propos ou ne s'intéresse pas suffisamment à la partie. Les indifférents restent au milieu. Mais parfois, c'est l'inverse qui se produit : les protagonistes peuvent choisir de s'en tenir au milieu en raison d'un fort sentiment d'implication. Quels sont les enjeux ? Pour ou contre le Brexit, pour ou contre le libre-échange, pour ou contre l'intervention en Corée, pour ou contre l'interdiction du niqab, pour ou contre Fethullah Gülen ? Certaines personnes qui se situent au milieu ne sont pas indifférentes à ces questions ; elles se sentent même concernées. Mais elles considèrent que la subtilité – la nuance – est leur moteur principal, et non pas l'indifférence. Ces personnes optent donc pour le milieu. Elles ne se retrouvent pas au milieu par hasard, mais y restent délibérément.

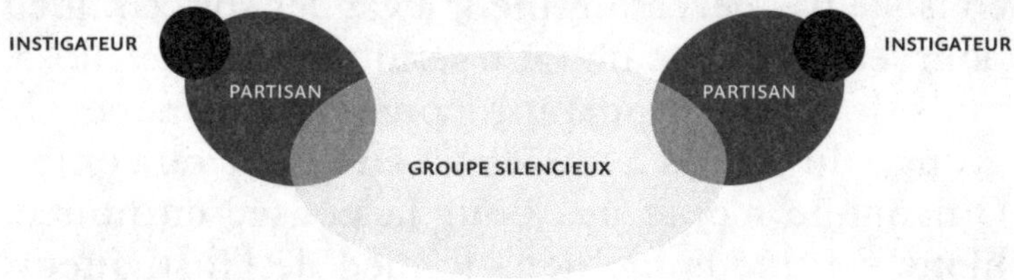

Figure 4. Instigateurs, partisans et groupe silencieux.

Outre l'indifférence et l'implication, les gens peuvent être motivés par la neutralité. Pour beaucoup, rester au milieu relève d'une obligation professionnelle. Pensez au fonctionnaire, au juge, à l'enseignant, au policier, au maire, au prêtre ou au pasteur. Dans chacune de ces fonctions, il convient d'y penser à deux fois avant de choisir l'un ou l'autre pôle. Leur fonction exige une position neutre et réfléchie.

En d'autres termes, le juste milieu s'accommode de plusieurs positions dont les motivations reposent sur de nombreux antécédents différents. C'est un fait que le groupe du milieu fait principalement le choix de ne pas prendre parti dans la polarisation. Il résiste donc à la pression de celle-ci. C'est aussi la raison principale pour laquelle ce groupe du milieu est précisément la cible des instigateurs. Pour ces derniers, le point de vue du pôle opposé ne présente que peu d'intérêt. Ce qu'ils cherchent avant tout, c'est à exercer une influence sur le groupe du milieu. C'est là qu'ils peuvent gagner du poids. Et ce gain ne consiste pas nécessairement à gagner sur ce milieu pour leur propre camp. Ce serait une bonne chose, mais le plus important consiste à amener le groupe du milieu à choisir, à être pour ou contre. Quiconque n'opte pas pour la pensée en noir et blanc est une épine dans le pied de l'instigateur. Nous avons donc tort de penser que le pôle opposé est la cible de l'instigateur. À ses yeux, le pôle opposé est un sujet de débat – c'est parfois « l'ennemi » –, mais sa cible réelle demeure le groupe du milieu.

Le trait commun à « ceux du milieu » n'est pas leur motivation – celle-ci peut varier considérablement –, mais leur invisibilité. Ils sont « les silencieux » pour la simple raison que la nuance, la position médiane, ne possède pas de voix. Une ligne de visibilité part de l'origine, franchit le milieu, vers l'extérieur. Le bruit se renforce lorsqu'on se déplace vers un côté ou l'autre, et à mesure qu'on s'éloigne vers les extérieurs, son public s'élargit. Le milieu constitue un public en soi, muet, car il n'émet aucun son. Les partisans montent sur le podium et gagnent en visibilité à mesure qu'ils s'éloignent du centre. Les instigateurs, eux, ne se contentent pas de monter sur le podium, ils s'avancent sous les feux de la rampe et conquièrent cette place à coups de petites phrases lancées au bon moment, suffisamment extrêmes pour être remarquées, mais pas au point que les partisans se sentent exclus par de tels propos. Pour que la polarisation vous soit profitable, il vous faut exécuter la bonne figure sur la ligne de visibilité.

La ligne de visibilité offre un gain d'identité. Celui qui se montre sous son vrai jour renforce son identité. Les jeunes radicaux – à l'extrême droite ou à l'extrême gauche – sont plus populaires que les timides de la classe. Et plus les partisans et les instigateurs investissent dans leur identité, plus il devient difficile de les combattre ou de les modérer. Sur le chemin qui va du centre aux extrêmes, la polarisation en réclame toujours davantage. Cette dynamique fonctionne de manière si ingénieuse que, la plupart du temps, les acteurs eux-mêmes n'en sont pas conscients.

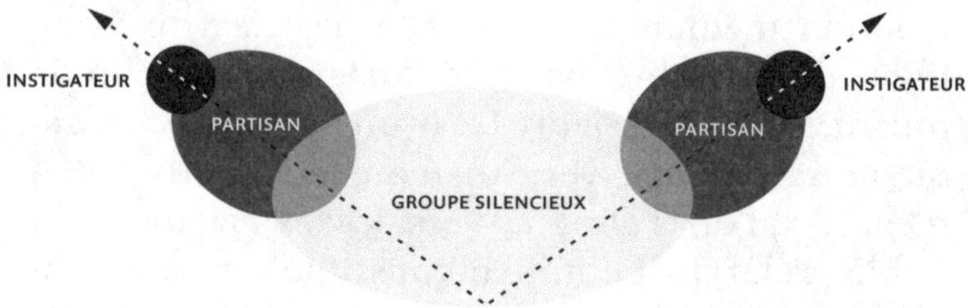

Figure 5. Les instigateurs, les partisans, le groupe silencieux et les lignes de visibilité.

Chez un jeune, le processus de radicalisation commence parfois par une question : quelle est ma place ? Aux côtés des terroristes, qui se sont écrasés sur deux gratte-ciel au nom de leur foi, ou avec les victimes, qui se sont laissé enfermer dans l'appellation « nous, citoyens de l'Occident libre » ? En fait, ni avec les uns ni avec les autres, et ces jeunes n'en sont pas plus avancés. Mais dès qu'ils osent franchir le pas du mode de pensée en noir et blanc, ils y gagnent une identité, une confirmation, un bloc de sympathisants. Cela vaut pour les deux directions dans ce champ de tension.

Pour les individus, la visibilité constitue une motivation majeure. Une identité forte reste une condition majeure du bien-être humain. Elle amène un certain nombre de forces à se rassembler sur ce que j'appelle la ligne de visibilité. Dans un autre contexte, il serait tout aussi pertinent de parler de ligne d'identité ou de ligne de radicalisation. Ou bien de ligne de communication. La ligne pointe vers le dialogue, qui est la forme de communication du milieu, à travers la discussion et le débat, en s'éloignant du monologue, qui est la forme que nous rencontrons aux pôles et aux alentours de ceux-ci. Elle reflète donc notre capacité ou notre incapacité à faire en sorte que les pôles opposés engagent une conversation entre eux. C'est ce que nous aimerions souvent voir se produire, mais ce n'est pas toujours opportun.

Le constructeur de passerelles

J'ai décrit le champ de tension avec les trois premiers rôles. Dans toute polarisation, un quatrième personnage fait son apparition, et cet acteur se positionne au-dessus de la mêlée. Le constructeur de passerelles considère qu'il faut tenter de faire quelque chose pour lutter contre la polarisation. Il surveille les extrêmes et repère les lacunes dans la vision du monde de chacun des deux pôles. C'est d'ailleurs précisément en raison de ces lacunes qu'il intervient. En général, il veut organiser un dialogue.

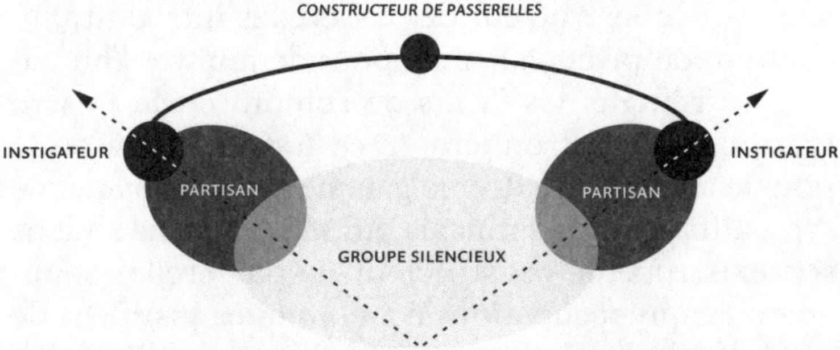

Figure 6. Les instigateurs, les partisans, le groupe silencieux, le constructeur de passerelles et les lignes de visibilité.

Rationnellement, les parties devraient être en mesure de parvenir à un échange de points de vue ou de visions. Il doit être certainement possible de nommer les différences et de rechercher les similitudes. Les autorités ou les porte-parole des communautés sont invités à participer aux discussions. Aux Pays-Bas, cela pourrait revêtir la forme d'un dialogue en bonne et due forme ; au Liban, il s'agirait plutôt de négociations de paix ; en Bosnie, j'ai participé à une conférence où les constructeurs de passerelles tentaient de réconcilier les parties. Cependant, dans ces cas, le dialogue – une conversation de personne à personne, de pôle à pôle – s'engage d'abord comme un moyen qui suscite la polarisation.

Les constructeurs de passerelles utilisent diverses stratégies. Leur remède, leur outil contre la polarisation, c'est parfois le « contre-récit ». La production de contre-récits a pour but d'inciter les instigateurs ou les partisans à adopter un point de vue plus modéré ou différent. En France, si les patriotes d'extrême droite déclarent la guerre aux « réfugiés profiteurs », le constructeur de passerelles introduira un contre-récit principalement pour démontrer l'humanité du réfugié, les droits de l'enfant ou la misère inhumaine à la frontière gréco-turque. Et là où le réfugié activiste d'extrême gauche n'éprouve aucune sympathie pour le Français qui se sent menacé dans son existence, le constructeur de passerelles soulignera les préoccupations économiques justifiées de son homologue. Le constructeur de passerelles croit en la production de contre-récits positifs afin de rechercher l'équilibre, d'adoucir les extrêmes.

En cours de route, il fait une chose qui plaît vraiment à l'instigateur : il nourrit la polarisation, malgré lui. C'est en organisant un dialogue entre les partisans, en offrant une tribune aux pôles opposés (c'est-à-dire en confirmant que la polarisation a le droit d'exister) et en produisant des contre-récits que l'on alimente la polarisation. Les instigateurs tolèrent les constructeurs de passerelles parce qu'ils leur donnent de l'élan. C'est précisément la raison pour laquelle mes stagiaires, au Liban, disaient « détester le dialogue ». Ce dialogue donne toujours leur chance aux instigateurs ; le groupe du milieu n'y a pas son mot à dire. C'est une grande erreur de penser que l'on peut construire une passerelle au-dessus d'un ravin. Si le gouffre est trop profond, vous vous lancez dans le vide, sans aucune chance d'aboutir. Cette mission ne peut pas réussir. Les instigateurs tolèrent les constructeurs de passerelles, mais en même temps ils s'intéressent rarement à une véritable discussion avec leur pôle opposé. Geert Wilders et Marine Le Pen n'ont aucune envie de parler avec leurs homologues. Les djihadistes ne sont pas disposés à discuter avec des penseurs laïcs. Tout ce que veulent les instigateurs, c'est élargir leur monologue.

Les constructeurs de passerelles fournissent du carburant, les instigateurs fournissent du carburant, mais un autre fournisseur de carburant est lui aussi impliqué : les médias, qui jouent le rôle d'accélérateur du processus de polarisation. Ce n'est pas le fruit de la malveillance, car, de nos jours, nous croyons tous que les médias doivent mettre en évidence les contrastes dans le jeu sociétal. Être « pour et contre », écouter « les deux versions de l'histoire », telle est la devise d'un journaliste professionnel. Cela signifie que le journalisme donne la parole tant aux instigateurs qu'aux partisans. Le téléspectateur, le lecteur, l'auditeur – le milieu – peuvent se forger une opinion sur la base de ce qu'ils entendent. Les médias agissent donc comme un catalyseur de polarisation. Ils déploient tous les jours la ligne de visibilité. Un débat télévisé sur une question brûlante avec deux invités n'est intéressant que si l'on peut y identifier les extrêmes. En règle générale, l'émission ne se concentrera que sur le monologue et la discussion. Le débat véritable est extrêmement rare ; il n'y a pas de temps ni d'argent pour le dialogue. Il s'agit ici de nommer les fournisseurs de carburant sans tomber dans une pensée manichéenne du bien et du mal : les instigateurs fournissent du carburant en toute connaissance de cause ; les constructeurs de passerelles le font avec les meilleures intentions du monde ; les médias sont un catalyseur de cette interaction et servent, avec leur forte production, de premier fournisseur de carburant à la polarisation.

Le bouc émissaire

Le cinquième rôle entre en jeu lorsque la polarisation augmente de manière excessive. La pression de la polarisation peut s'élever et diminuer rapidement. La pensée en noir et blanc peut gagner du terrain ou en perdre à nouveau. La dynamique de la polarisation est comparable à un ensemble de poumons qui inspirent et expirent. Les grands groupes de partisans des deux extrêmes s'élargissent ou rétrécissent de cette façon. Lorsque la pression de la polarisation augmente, les partisans attirent des sympathisants et le centre se rétrécit. La pensée en noir et blanc peut alors atteindre son paroxysme, avec deux camps dressés l'un contre l'autre. Dans ce scénario, les instigateurs avancent prudemment sur la ligne de visibilité. Ils veulent rester à l'avant-scène, sous les feux de la rampe. Si cela implique de rechercher un point de vue plus extrême, ils n'hésiteront pas. Ils veilleront à ne pas disparaître dans la foule. Ce serait un problème, car avec une polarisation excessive, la voie du milieu se resserre et les intermédiaires deviennent des partisans. Puis ceux-ci deviennent des instigateurs, ce qui oblige ces derniers à leur céder la maîtrise.

Émerge alors le tableau final qui, par exemple, peut s'apparenter à une guerre civile. C'est ce qu'il s'est passé au Rwanda, lors du génocide de 1994. La pression de polarisation a atteint son paroxysme en très peu de temps. Après l'écrasement d'un avion gouvernemental, une station de radio a affirmé que l'un des deux pôles opposés de la polarisation encore naissante entre Hutus et Tutsis en était responsable. Dans certaines émissions, ce pôle opposé a été qualifié de « cafard » – une expression extrêmement dangereuse.

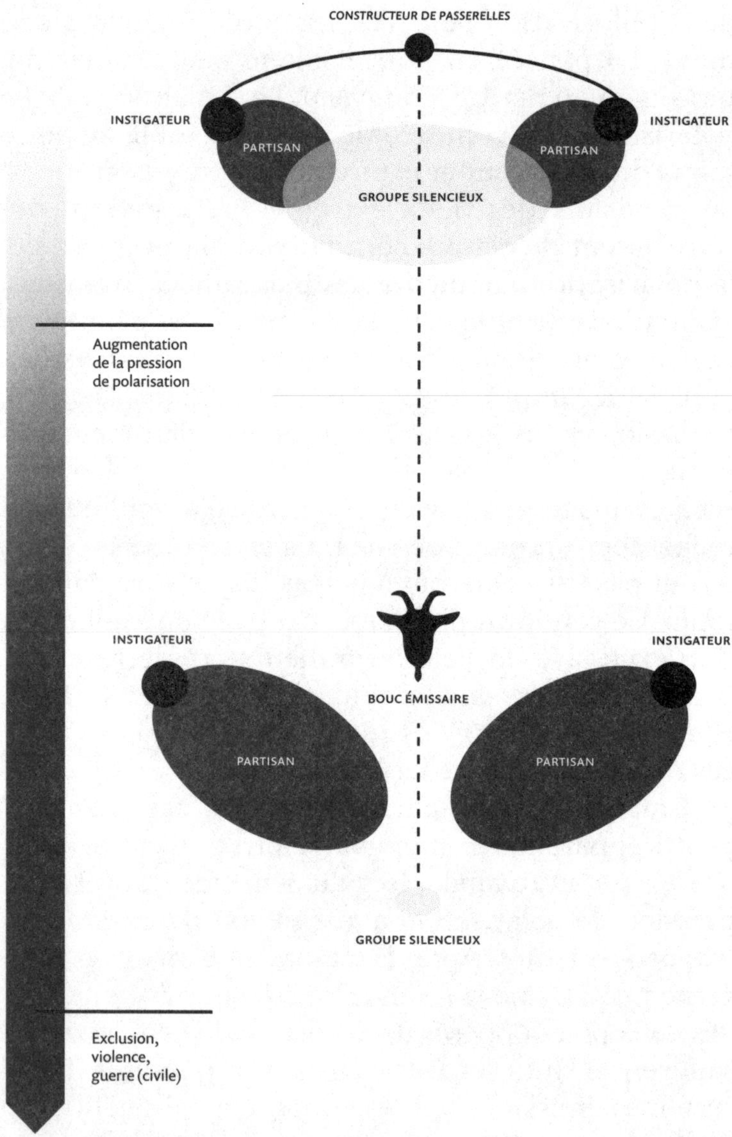

Figure 7. Pression de polarisation, polarisation extrême et ligne du bouc émissaire.

Si, à un certain stade de la polarisation, les gens se lancent dans des comparaisons avec la vermine, la limite de la civilisation a déjà été franchie. Nous savons comment on traite les cafards : on les écrase jusqu'à ce que mort s'ensuive ! En l'espace de trois jours, le pays s'était transformé en champ de bataille.

Au Rwanda, il n'y avait que deux options. Vous étiez soit un Hutu, soit un Tutsi. Dans une rage aveugle et dévorante, il devient impossible d'adopter une position neutre, une attitude indifférente, ou un point de vue nuancé. La guerre civile constitue le dernier stade de la polarisation ; elle rend la position du milieu intenable. Avec l'invasion des milices, aucun Rwandais ne pouvait se consoler en disant : « Je ne suis ni Hutu ni Tutsi, laissez-moi en paix. » La position du milieu était devenue zone interdite, sous peine de mort.

Le cinquième rôle est donc celui du bouc émissaire. Nous pouvons mesurer la pression de polarisation en fonction du degré auquel la position du milieu reste encore tolérée. Il arrive un moment où la tolérance devient nulle, mais c'est bien avant ce seuil que l'on a trouvé le bouc émissaire. Celui-ci ne se situe pas vers l'un ou l'autre des extrêmes, mais très exactement sur la ligne médiane. L'ennemi, c'est le pôle opposé, pas le bouc émissaire. Ce rôle de l'ennemi marque une différence cruciale par rapport à celui du bouc émissaire. Le terme de « bouc émissaire » vient en fait d'un récit biblique, dans le Lévitique, 16, où un bouc est symboliquement chargé des péchés d'un peuple entier et envoyé en exil dans le désert pour purger les péchés de l'homme.

Et c'est précisément parce que le bouc émissaire se trouve au milieu que le constructeur de passerelles offre un excellent candidat pour ce rôle. Le fait est que l'on ne fait pas entièrement confiance aux constructeurs de passerelles, même en temps de paix. Tant qu'ils servent les intérêts des pôles opposés, on les tolère, mais il est rare que s'instaure une relation de confiance mutuelle. Dans la controverse entre musulmans et non-musulmans, j'ai souvent vu les constructeurs de passerelles discrédités. Si les musulmans veulent jouer les constructeurs de passerelles, ils doivent veiller à ne pas être considérés par leur propre peuple comme des « traîtres », comme ce que l'on appelle des « Bounty » (blancs à l'intérieur, sombres à l'extérieur, comme la célèbre barre de chocolat à la noix de coco). Au sein du camp des non-musulmans, ils peuvent être tolérés, mais ils sont aussi jaugés. Avons-nous affaire à un loup déguisé en agneau ? Pourtant, le non-musulman constructeur de passerelles subit un sort identique. Quiconque s'efforce d'améliorer les relations finira victime de suspicions. Les maires qui adoptent pour devise « tâchons de nous serrer les coudes » sont souvent accusés de naïveté. Où est l'intervention décisive ? Prendre une tasse de thé avec l'ennemi et parler de dialogue, c'est nier le danger de l'islam. Ce type de suspicion est aussi élémentaire qu'efficace. Et lorsque la tension monte suffisamment, les constructeurs de passerelles sont les premiers à succomber, en tant que boucs émissaires.

Le milieu est la zone dangereuse. Dans cette zone, vous rencontrez divers professionnels dont je parlerai plus en détail par la suite. Sur cette ligne médiane, un maire a, bien sûr, un rôle à jouer, au-dessus des parties, en toute indépendance. Quelle que soit l'intensité des sentiments, nous attendons des maires qu'ils ne se laissent pas guider par l'émotion ou l'opportunisme. Dans la fiche de poste des maires, la capacité à construire des passerelles figure en tête de liste des compétences requises. Le fait qu'ils soient également candidats au rôle de bouc émissaire n'est pas formulé, mais cela ne m'a pas échappé, car j'ai formé des maires. Après les attentats de Paris et de Bruxelles, Philippe Moureaux, l'ancien bourgmestre du quartier bruxellois de Molenbeek, a été traité comme un bouc émissaire. Pendant des années, sa politique avait négligé les questions de sécurité. Aux yeux de beaucoup, il y avait eu un manque de résolution et d'action. Il fallait trouver un coupable. Or, la police avait elle aussi failli à sa mission. C'est ainsi que nous avons eu un second candidat professionnel au rôle de bouc émissaire. Lorsque la tension monte, la police devient suspecte. En cas de polarisation, elle est souvent la cible d'agressions. Les hooligans ne s'en prennent alors pas aux partisans de l'opposition. Les hommes et les femmes en uniforme doivent souffrir. Dans un climat scolaire polarisé, l'enseignant subit le même sort : il tente patiemment de faire entendre raison aux gens, mais ne parvient pas à toucher le cœur des élèves. Ils veulent une autre solution, plus radicale que prudente. Les tentatives de l'enseignant pour jeter des ponts sont certes remarquées, mais elles sont finalement considérées comme suspectes par les deux camps. Les journalistes, eux aussi, sont incapables de rien faire de bien. Même s'ils peuvent encore compter sur une certaine bienveillance, ils risquent aussi parfois de la perdre sur un coup de tête. Dans les manifestations, ils ne sont pas toujours les bienvenus et reçoivent même des coups. Le bouc émissaire constitue une soupape de sécurité pour la culpabilité et la colère. Les gens veulent être entendus, mais dans un climat fortement polarisé, le messager doit présenter ce que veulent les instigateurs et les partisans. Et si le journaliste, essayant de se comporter en véritable constructeur de passerelles, se met lui aussi à soupeser les mots des opposants, à les critiquer, voire à les contredire, alors ces messagers sont perçus comme les émissaires de l'ennemi. Et tout ce qu'ils peuvent espérer, c'est d'avoir à partager le sort bien connu du bouc émissaire.

*

Résumons-nous. Dans l'interaction entre ces cinq rôles, la polarisation acquiert sa propre dynamique, qui ne semble pouvoir aller que dans une seule direction : vers toujours plus d'extrémisme. Les fournisseurs de carburant s'acquittent bien de leur travail, et même les intentions les plus nobles d'établir la paix ne font que la renforcer. Qui voulait la guerre dans les Balkans ? Peu de monde. Qui y a contribué sans la déclencher activement ? Beaucoup de monde. Qui veut que le fossé entre musulmans et non-musulmans se creuse ? Peu de monde. Qui contribue à creuser le fossé ? À l'heure actuelle, un nombre incalculable de personnes – surtout si l'on tient compte des réseaux sociaux, où l'on exprime rarement son mécontentement avec subtilité, mais où s'affichent beaucoup plus souvent des opinions sans fard, offensantes. Cette dynamique – la polarisation – se caractérise par l'impuissance. Le monstre fait ce qu'il veut, mène sa propre vie.

Le fait qu'il s'agisse ici d'abstractions, d'une pensée du « nous contre eux », ajoute au caractère insaisissable du phénomène. Les images sont conservées en silence, parfois pendant des années, pour alimenter cette pensée du « nous contre eux » au moment opportun. Plusieurs générations après une guerre, nous nous raccrochons encore à ces antithèses du bien et du mal, de l'ami et de l'ennemi. Il s'agit d'un jeu compulsif entre la mémoire, les pensées, les conversations, les débats, le choix des mots et les attitudes. Il n'existe pas de remède simple, pas de solution facile. Pour rester dans la métaphore du monstre, il faut tenir la bride très courte à cette bête à plusieurs têtes.

Esquisser la dynamique de la pensée du « nous contre eux » était une première étape nécessaire. En choisissant un cadre de pensée qui décrit clairement les rôles, qui identifie les moteurs de base et les lois sociales, nous pouvons apprendre à faire un choix ciblé d'un point de vue dépolarisant. Je ne veux pas dire par là que la solution résiderait dans un optimisme naïf. Ce serait aller à rebours de la lucidité. Dans ma pratique de la formation, je n'ai vu que trop clairement la dynamique de la polarisation très profondément enracinée et ses effets fondamentaux sur notre société. Toutefois, avant de passer de l'analyse du fonctionnement de la polarisation à la question de savoir comment nous pouvons dépolariser – comment développer ce qui ressemblerait à une stratégie de polarisation –, je veux d'abord explorer deux étapes plus importantes afin de mieux exposer nos préjugés cachés. Quelle est la dynamique du petit frère de la polarisation, le conflit ? Et quelle est notre vision de la nature humaine par rapport au conflit et à la polarisation ? Avant de chercher des remèdes, nous devons répondre à ces deux questions primordiales.

DEUXIÈME PARTIE

Le conflit, petit frère de la polarisation

3

Le modèle de l'iceberg

Le conflit fait partie de la vie. Nous le savons tous, ce n'est pas nouveau. Par exemple, la tradition bouddhiste qualifie le conflit de « souffrance humaine » et, sous cette appellation, il occupe une place centrale dans la religion bouddhiste. Dans le christianisme, le crucifix demeure le symbole central, l'objet que le croyant doit saisir pour accepter l'idée que le conflit et la douleur forment une part essentielle de la vie. Dans l'islam, nous trouvons le grand et le petit djihads (qui signifie « lutte » ou « combat »). Le grand djihad est un conflit interne auquel le musulman se plie pour trouver la bonne voie, la voie de la paix, en luttant contre le mal. Mais nous trouvons également des conflits dans d'autres philosophies plus terrestres. Le matérialiste reconnaît que pour obtenir quoi que ce soit, il faut consentir un effort. Comme l'a écrit Sénèque, « une pierre précieuse ne peut être polie sans frottement, ni un homme perfectionné sans épreuves » (autrement dit, qui ne tente rien n'a rien). La personne spirituelle adepte d'une idéologie ésotérique rencontre des obstacles sur le chemin de la vie afin de se développer. Le conflit est la condition qui permet à la croissance spirituelle d'advenir. Je ne connais aucune idéologie (religieuse) dans laquelle le conflit, au sens large du terme, n'occupe pas une place centrale, quelle que soit la perspective ultime qu'il présente : l'illumination, le salut, le paradis, la réussite dans la vie ou l'équilibre ultime entre le yin et le yang.

Le conflit, ce « petit frère » de la polarisation, possède une dynamique qui lui est inhérente et qui est étroitement liée à la polarisation proprement dite. Les deux sont aussi unis qu'une famille. Pourtant, c'est justement parce que le conflit peut se manifester sous de multiples formes que je vais commencer par vous en livrer une définition. Souffrance, crucifix, djihad, friction, obstacle : j'inclus toutes ces notions dans le concept de conflit, et, avec elles, toutes les manifestations que l'on peut imaginer. Ainsi, une querelle est évidemment un conflit, tout comme une agression au couteau, une divergence d'opinion, un procès, une dispute ou un affrontement. Il existe également des formes plus graves de conflit, comme la persécution, les crimes tels que le viol ou le meurtre, et même la guerre ou le génocide. Les conflits se présentent sous d'innombrables formes, de mineures à majeures, et nous savons très bien donner un nom à chacune d'entre elles. Je le mentionne maintenant, parce que nous sommes prompts à ne considérer qu'une seule manifestation du conflit. Il s'agit souvent de la dernière que nous avons rencontrée ou que nous avons lue dans le journal.

En fait, une plus large déconstruction du terme « conflit » est essentielle. J'ai appris cette leçon de Colin Craig, qui a acquis une grande expérience de la gestion des conflits dans les Balkans. Colin a longtemps travaillé à Belfast, en Irlande du Nord, et, grâce à son expérience de médiateur, il a été invité à instaurer un dialogue dans la Yougoslavie désunie. C'était bien après que l'accord de paix de Dayton eut marqué la fin officielle de la guerre dans les Balkans. Il n'a pas choisi pour point de départ de ce dialogue « la vie en harmonie ou en paix » – le sujet traditionnel. Il a préféré retenir : « Parlons du conflit. » C'est avec cette invitation qu'il a ouvert la session de dialogue, mais elle a été suivie d'un long silence gênant. On peut parler de tout, mais pas de conflit. Le mot seul suffit à faire taire les participants au dialogue. Ici, le conflit n'a qu'une seule gradation, qu'une seule manifestation : la guerre, la dévastation et le génocide. Le terme est sans compromis, ce qui paralyse la réflexion. C'est le sujet tabou que personne ne veut aborder.

Il n'empêche. Si vous voulez discuter de paix, vous devez aborder le conflit. Non pas figé sous une forme unique, comme cette situation nous l'a appris, mais dans son sens le plus large. C'est certainement possible, car les caractéristiques principales de chaque conflit sont les mêmes, qu'il s'agisse d'une querelle de ménage, d'une bagarre dans une cour de récréation, d'une querelle de famille ou d'une guerre. Les conflits possèdent une dynamique universelle, un ensemble de traits, que Colin Craig a identifiés en recourant au fascinant modèle de l'iceberg, basé sur son expérience de médiateur en Irlande du Nord. J'en reprendrai ici quelques éléments, en me référant à son principal auteur.

Les sept phases d'un conflit

En principe, les conflits se déroulent en sept phases. Toutefois, lorsque nous observons un conflit pour la première fois, les deux premières phases ont souvent déjà eu lieu. Ce n'est que dans la phase d'escalade, lorsqu'un incident s'enflamme dans le feu du conflit, que nous atteignons le stade où les parties et les spectateurs prennent conscience du différend. Cela s'applique aux niveaux micro, méso et macro.

Je vais vous livrer quelques exemples de conflits, du niveau familial au niveau mondial. Dans un couple, l'un des deux partenaires oublie de remettre le bouchon sur le dentifrice – une fois de trop. Cela rend l'autre furieux : c'est l'escalade. Ce qui s'est passé en 1914 au coin d'une rue de Sarajevo était plutôt un incident mondial : le crime de Gavrilo Princip, l'homme qui a abattu le prince héritier des Habsbourg, François-Ferdinand, et son épouse. Cet assassinat a provoqué la fureur des opinions publiques et – comme vous le savez – l'escalade a déclenché la Première Guerre mondiale. Ce qui s'est passé en 2015 à Schilderswijk, un quartier de La Haye peuplé essentiellement d'immigrés, était assez grave, certes dans une moindre mesure : un touriste arubais, Mitch Henriquez, est décédé lors de sa garde à vue. L'incident dégénéra et les émeutes qui suivirent valurent à ce quartier de la capitale administrative néerlandaise de rester à la une de l'actualité nationale pendant trois jours entiers. En somme, dans ces exemples, l'incident marque la phase d'escalade qui rend le conflit visible.

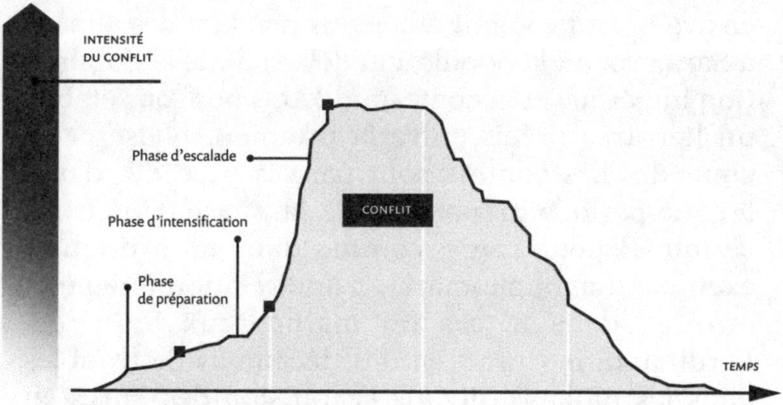

Figure 8. La dynamique du conflit (I).

Outre la phase d'escalade, on peut toujours identifier deux phases antérieures : la phase d'intensification et la phase de préparation. Au cours des semaines qui ont précédé l'explosion de rage provoquée par l'oubli d'un bouchon de dentifrice chez ce couple marié, l'un des conjoints avait souvent négligé les tâches ménagères. L'incident ne survient pas isolément. Il ne se produit que lorsqu'une certaine contrariété s'est accumulée au cours de la période précédente. C'est la phase d'intensification, qui peut durer une heure, un jour, un mois, voire plus. Le fait est qu'elle a dû se produire, que les partenaires en aient été conscients ou non. Nous pouvons avoir intérêt à en ignorer les signes. Prenons l'exemple suivant : en 1908, au début du XXe siècle, après l'annexion de la Bosnie-Herzégovine par l'Autriche-Hongrie, la tension qui en avait résulté s'était fait sentir pendant des années à Sarajevo, où la population débattait de la domination impériale et la contestait. Nous pouvons établir un lien très précis entre la première phase et ce contexte. Les conflits sont parfois précédés d'une longue période préparatoire à la phase d'intensification. Il peut s'agir, comme dans mon premier exemple du couple marié, d'une relation longue et étroite ; dans le cas du malheureux François-Ferdinand, il y avait eu des décennies de troubles dans les Balkans, depuis l'expulsion des Turcs en 1878. Dans le quartier de Schilderswijk à La Haye, des troubles couvaient depuis longtemps concernant l'interaction de la police, majoritairement blanche, avec un quartier majoritairement habité par des gens de couleur.

Préparation, intensification et escalade. Ces trois premières phases sont immédiatement suivies par la phase d'entretien. L'incident suscite de la colère. Cette colère peut être réprimée, mais elle ne disparaît pas. Pendant la phase d'entretien d'un conflit, les parties ne sont pas prêtes à la conciliation. Les excuses faciles que l'un des partenaires offre au cours de cette phase sont rejetées par le partenaire qui en a assez de devoir toujours remettre le bouchon sur le dentifrice, nettoyer les cheveux dans le siphon de la douche, fermer les portes des armoires, éteindre les lumières, plier les serviettes... Sous le coup de la colère, nous investissons dans les différences et entretenons le conflit. Tant qu'il y a plus d'intérêt à s'accrocher au conflit qu'à trouver un moyen d'en sortir, la phase d'entretien persiste, même si elle a aussi une fin.

L'investissement dans le conflit demande de l'énergie et, inévitablement, au bout d'un certain temps, cette énergie s'épuise. À Belfast, après trois jours d'affrontements ininterrompus, la police anti-émeute savait que la phase d'entretien était terminée. Le manque de sommeil avait commencé à se faire sentir chez les émeutiers, l'importance de reprendre les choses en main, d'assumer leur rôle dans la famille ou de retourner au travail quotidien ayant pris le pas sur leur désir de jeter des pierres ou d'échapper aux jets d'un canon à eau. Dans tout conflit, il y a une limite à la durée de la phase d'entretien. Dans le cas de Gavrilo Princip, qui avait déclenché une guerre sans y être pour rien, nous savons que la phase d'entretien a duré quatre ans. Puis, entre 1914 et 1918, un conflit sans précédent a éclaté, impliquant plusieurs parties, l'Allemagne jouant le rôle de chef de file agressif. La ténacité de toutes les parties – polarisées en deux camps – a eu pour résultante un champ de bataille mondial qui a épuisé toutes les parties concernées.

Le moment où l'énergie diminue est crucial. Lorsque nous nous rendons compte que la poursuite du conflit coûtera plus d'énergie qu'il n'en faut pour y mettre un terme, il est important d'en tenir compte.

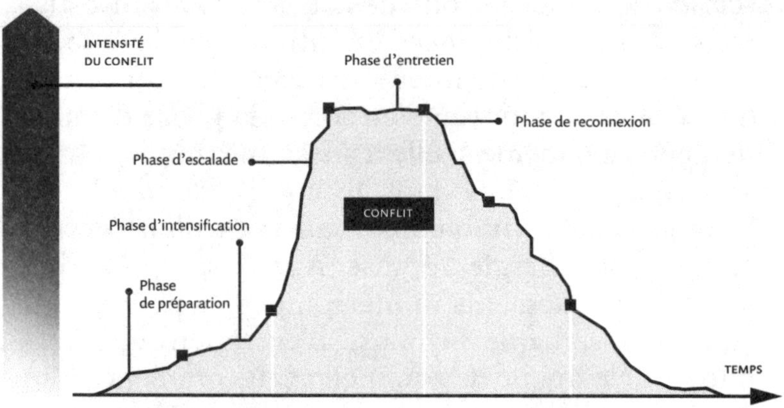

Figure 9. La dynamique du conflit (II).

Si nous ne parvenons pas à y mettre un terme, nous entrons dans une nouvelle phase. Cette phase est la plus intéressante pour les médiateurs. Les parties adverses n'ont pas encore enterré la hache de guerre et rien ne les empêche de la reprendre à tout moment, mais au moins elles peuvent maintenant s'asseoir autour d'une table et parler du conflit.

En principe, la phase de reconnexion entre en ligne de compte lorsque le médiateur invite les parties impliquées à partager leur propre version de l'histoire. Si ce processus ne fait pas s'enflammer à nouveau la querelle (un risque inévitable), après que les deux parties se sont exprimées vient une phase exploratoire de reconnaissance mutuelle, où elles peuvent s'écouter l'une l'autre. La parole et l'écoute retrouvent un équilibre. Et si les parties franchissent cette phase avec succès, elles peuvent découvrir et discuter des véritables problèmes qui se dissimulent derrière l'incident qui était à l'origine de la provocation initiale. Derrière le tube de dentifrice se cache la question du rangement, de l'ordre et du partage des tâches. Derrière l'assassinat survenu en cette année 1914 de si mauvais augure se cache la question de la reconnaissance, de l'autodétermination et de l'impuissance. Derrière la mort de Mitch Henriquez à La Haye se dissimule une question de diversité impossible à négocier, dans une société tendue et polarisée.

Le passage par les phases de reconnexion et de reconnaissance peut conduire à une nouvelle et dernière phase : la phase de réconciliation. La transition est marquée par l'élément sur lequel les parties se sont mises d'accord. Il y a une nouvelle répartition des tâches domestiques, avec de véritables accords sur le rangement de la salle de bain. De nouvelles frontières se dessinent après la défaite de l'Allemagne. Le tribunal néerlandais a déterminé qui a fait quoi dans l'affaire de l'arrestation d'Henriquez, et un accord se dégage sur la progression malheureuse, involontaire et néanmoins injuste des événements. En d'autres termes, un nouveau statu quo s'impose.

Cela signifie que nous pouvons maintenant commencer à travailler à une transformation. Pourtant, c'est précisément ce que nous négligeons souvent de faire. Dans une véritable phase de réconciliation, nous pouvons apprendre à voir l'autre vraiment différemment. L'ennemi gagne un visage. La compréhension de l'autre grandit, l'image change, la réflexion sur notre propre rôle dans le conflit apporte un nouvel éclairage. Le fait est que nous sautons fréquemment cette phase. En Afrique du Sud, Nelson Mandela, dans ses processus de réconciliation après l'apartheid, a insisté sur la nécessité de ne pas omettre cette étape. Il savait qu'il n'y aurait d'avenir que si l'on en passait par là. Cette étape est d'une importance vitale si l'on veut éviter que les conflits futurs ne trouvent un terrain fertile. Une phase finale négligée devient le prélude à un conflit ultérieur. C'est exactement ce qu'il s'est passé entre la Première et la Seconde Guerre mondiale. Les Allemands et les Français ont pansé leurs plaies, et les Alliés se sont concentrés sur les réparations et les pénalités, de manière unilatérale, sans réellement approcher l'autre partie. Souvent, du seul fait que l'intensité du conflit s'est dissipée, nous omettons la réconciliation dans la phase de transformation. À La Haye, Schilderswijk est redevenu paisible, alors pourquoi devrions-nous y provoquer d'autres troubles ? Les autorités locales et les autres organismes publics ferment souvent les robinets des subventions avant le début de la phase de transformation. La situation est gérable, alors pourquoi investir davantage dans le dialogue ? L'affaire a déjà coûté suffisamment cher.

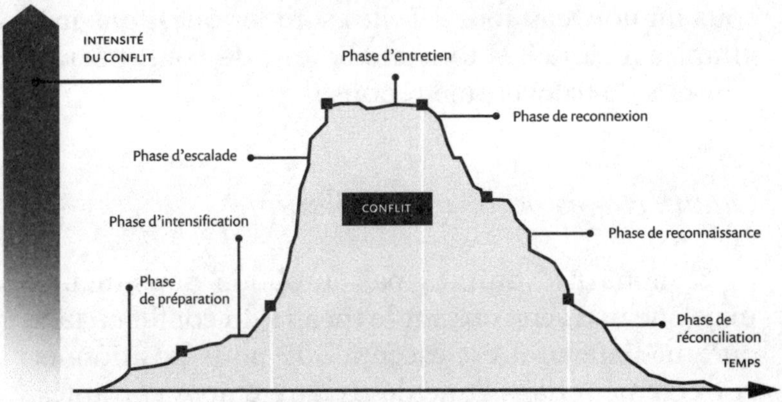

Figure 10. La dynamique du conflit (III).

J'ai esquissé la dynamique de tout conflit, même si son déroulement peut s'avérer arbitraire. Nous pourrions passer par les sept phases en quelques minutes, mais cela peut tout aussi bien prendre des dizaines d'années. Toute personne confrontée à un conflit a intérêt à se demander dans quelle phase se trouvent les parties impliquées. Cette évaluation est un facteur essentiel pour permettre d'apporter une réponse de désescalade au conflit. Questions cruciales : les parties sont-elles encore en train d'alimenter leur colère, le pire reste-t-il à venir ? Les parties ont-elles intérêt à maintenir la tension, continuent-elles à investir dans leur colère ? La phase de maintien est-elle terminée ? Après le point d'accord – le règlement –, les parties ont-elles une chance d'opérer une véritable transformation ? Réussiront-elles vraiment à commencer à se voir sous un nouveau jour ? Telles sont les questions inévitables auxquelles tout médiateur de conflit serait heureux de trouver une réponse.

Quatre étapes pour une médiation

Si nous ne sommes pas impliqué nous-même, mais que nous entrons sur le théâtre du conflit en tant que médiateur, il est essentiel de nous positionner correctement dans l'une des quatre étapes suivantes. Pouvons-nous dire qu'il s'agit de la phase de prévention (période précédant l'escalade) ? Y a-t-il eu une phase d'intervention (jusqu'au point de « manque d'énergie ») ? Sommes-nous déjà dans la phase de médiation (jusqu'au règlement) ? Ou sommes-nous en phase de réconciliation ? Chacune de ces étapes a sa dynamique propre et ses propres règles, ses propres possibilités – j'y reviendrai plus en détail –, mais aussi ses propres obstacles. Chacune est étroitement associée au phénomène de polarisation.

La polarisation – du « nous contre eux » – interagit avec le conflit. Outre les personnes directement impliquées dans un conflit, il y a toujours un public qui regarde. S'il n'y a pas de public, les acteurs du conflit s'assurent toujours d'avoir des partisans. Tout cela fonctionne selon un principe littéralement enfantin. Pensez à une querelle de cour de récréation. Deux chenapans se roulent par terre. Partout dans le monde, un cercle de spectateurs s'organise autour des protagonistes. Dans un premier temps – à l'époque où je fréquentais l'école –, nous criions tous : « Battez-vous, battez-vous, c'est la bagarre ! » Nous scandions ces mots jusqu'à ce que le public soit suffisamment nombreux, puis les spectateurs se divisaient rapidement en plusieurs camps. Au début, nous tenions pour pertinente la question de savoir qui avait commencé le combat, mais dès que nous y avions renoncé, nous nous contentions de crier à tue-tête les noms de nos favoris autour du ring. Il y avait deux camps, les partisans et les opposants. Ce n'était qu'à l'arrivée d'un enseignant que le combat prenait fin.

Dans la phase de prévention, mais aussi dans la phase d'entretien, le rôle du public devient immédiatement important. En ce qui concerne les acteurs du conflit, ils veulent impliquer le plus grand nombre possible de personnes dans ses développements. En général, ce n'est pas la motivation qui manque. C'est d'ailleurs ce qu'il se passe dans les cours de récréation. Chez les adultes, les reportages quotidiens des médias sur les conflits, les affaires et les litiges attirent toujours l'attention.

L'exemple de la petite ville néerlandaise de Culemborg montre toute l'ingéniosité de ce dispositif. La nuit de la Saint-Sylvestre 2010, un phénomène d'escalade jusqu'alors inconnu aux Pays-Bas s'y est produit. En pleine nuit, un jeune homme au volant d'une petite voiture noire a renversé une jeune femme. Elle était blessée et le conducteur est allé s'écraser dans le jardin d'une maison. Peu après, deux grands groupes se sont affrontés dans le quartier ouvrier de Culemborg, à Terweijde : d'un côté, des Moluquois ; de l'autre, des Marocains. Après cette phase d'escalade, le maire n'avait plus qu'une seule option. À ce stade, parler ne servait à rien ; il devait déployer la police anti-émeute, la meilleure des interventions. Par la suite, la phase d'entretien a duré des semaines, et non simplement quelques jours. Les gens formaient des bandes de gros durs, les pères de famille mettaient en place une surveillance de quartier et effectuaient des patrouilles le soir. Il se passait quantité de choses.

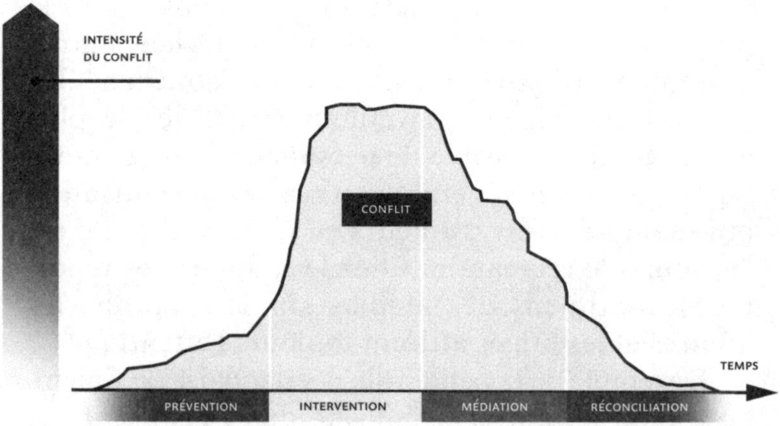

Figure 11. Les quatre étapes du conflit.

Nous pouvons ensuite identifier une phase d'intensification, dans les journaux locaux. Au cours des mois qui avaient précédé, les jeunes d'un groupe de population avaient cherché à faire couler le sang de l'autre groupe. Cela semblait se résumer à un banal avertissement : « Ne touchez pas à nos filles. » Le maire était déjà intervenu et avait même invité les porte-parole des groupes rivaux à s'asseoir autour d'une table pour discuter. Après quelques échauffourées, le journal local rapporta que les tensions s'étaient apaisées grâce à un dialogue fécond. Après coup, il s'est avéré que ce n'était que le prologue de l'escalade de la nuit de la Saint-Sylvestre. Sa phase de préparation remontait aux décennies précédentes, lorsque la position historique des communautés moluquoise et marocaine était entrée en jeu. Nous pouvons clairement y reconnaître chacune des phases du modèle.

L'interaction du conflit et de la polarisation

L'interaction avec la polarisation est frappante. Dans les deux premières phases, celles de la prévention et de l'intervention, de grands groupes sont mobilisés dans une logique du « nous contre eux ». Nous sommes en présence d'un modèle d'iceberg (voir *figure 12*). Du conflit au sommet, des lignes de communication ouvertes descendent tout droit vers la base. Le conflit alimente la polarisation qui, à son tour, renforce le conflit. La communauté moluquoise de Culemborg a obtenu le soutien des villes voisines de Tiel et de Leerdam, où ses soutiens moluquois se tenaient prêts à intervenir.

Toutefois, ceux qui se trouvaient en bas de l'échelle profitèrent également de l'ouverture des lignes de communication. Le leader d'extrême droite Geert Wilders déclara qu'il défendrait les habitants de Terweijde contre le comportement criminel des Marocains. Les Pays-Bas tout entiers ont vu alors le carburant de la polarisation faire son œuvre. Les Moluquois ne sont pas des anges, expliquait-on dans les émissions de débat à la télévision. Les musulmans ne savent pas comment s'intégrer, répétaient les journaux. Les identités étaient définies, le feu était alimenté jour après jour. Les parties concernées s'emparèrent complètement de cet incident pour capitaliser sur diverses polarisations anciennes.

Entre-temps, le maire de Culemborg ne savait plus à quel saint se vouer. Le danger semblait avoir été suscité des mois auparavant. Mais il lui fallait attendre, car le moment où tout le monde serait à court d'énergie n'était pas encore arrivé. Pour l'heure, les parties restaient encore désireuses d'investir dans leur colère. Au cours de la phase d'entretien, la phase de croissance de la pensée en noir et blanc, la polarisation conserve toutes ses chances. Qui a raison, qui a tort ? À Culemborg, cette phase avait duré plusieurs semaines.

Pour ce qui est de la polarisation entre musulmans et non-musulmans, après le moment d'escalade ressenti dans le monde entier à la suite du 11-Septembre, nous sommes à présent bien engagés dans la deuxième décennie de la phase d'entretien. À l'époque, le président George Bush avait formulé une loi fondamentale de la polarisation en déclarant : « Vous êtes soit avec nous, soit avec les terroristes. » Nous continuons de suivre les lignes de ce thème dominant. Une macro-polarisation comme celle du 11-Septembre peut s'emparer d'une polarisation locale comme celle de Culemborg que j'ai esquissée plus haut, et la renforcer. Le maire de la commune de Culemborg n'était absolument pas en mesure d'évaluer l'impact immédiat de chaque dynamique, et encore moins de les contrôler toutes. Il avait sagement choisi la stratégie d'apporter le moins de carburant possible.

La polarisation fournit aux incidents une chambre d'écho. Un grand groupe se joint à l'action, grandit, et dans sa position de « soutien à distance », n'entre pas dans les nuances, bien qu'il soit présent dans tous les faits permettant d'attribuer les responsabilités. Les motifs ne deviennent pas apparents, mais les préjugés le sont. La pensée en noir et blanc tire profit des petites phrases, et non des longs récits ou des histoires vécues. C'est la raison pour laquelle la polarisation croît toujours plus facilement et plus rapidement qu'elle ne diminue.

Au stade de la médiation et de la réconciliation, la communication s'arrête entre les sections situées au-dessus et en dessous de la ligne de flottaison, dans le modèle de l'iceberg (voir *figure 12*). Les acteurs du conflit n'incluent pas les parties polarisées dans les développements. Il s'agit là d'un facteur caractéristique à prendre fortement en compte : entre le haut et le bas de l'iceberg, la frontière se ferme. Alors que les personnes directement impliquées cherchent à rétablir l'harmonie et à développer de la compréhension, les personnes indirectement impliquées poursuivent sur la voie familière de la pensée en noir et blanc. Dans un premier temps, les acteurs du conflit ne peuvent admettre de parler à leur adversaire sans perdre la face. Peu importe que l'autre puisse avoir un point de vue raisonnable de quelque manière que ce soit ou – chose encore plus improbable – qu'il puisse y avoir une réconciliation. C'est un phénomène universel : dans les deux dernières phases de l'iceberg, toute communication cesse entre le haut et le bas. Parfois, cependant, le bas rejoint entièrement l'étage supérieur. Si l'un des combattants de la cour de récréation veut abandonner, il est repoussé vers le ring. Finis le travail ! Nous avons investi en toi, tu es notre candidat ! Lorsque quelqu'un fait preuve de regret ou de repentir, un public fidèle se montre sévèrement déçu. Celui qui a choisi de participer à la polarisation ne veut pas se laisser décevoir par un instigateur qui recule. Il nourrit des attentes.

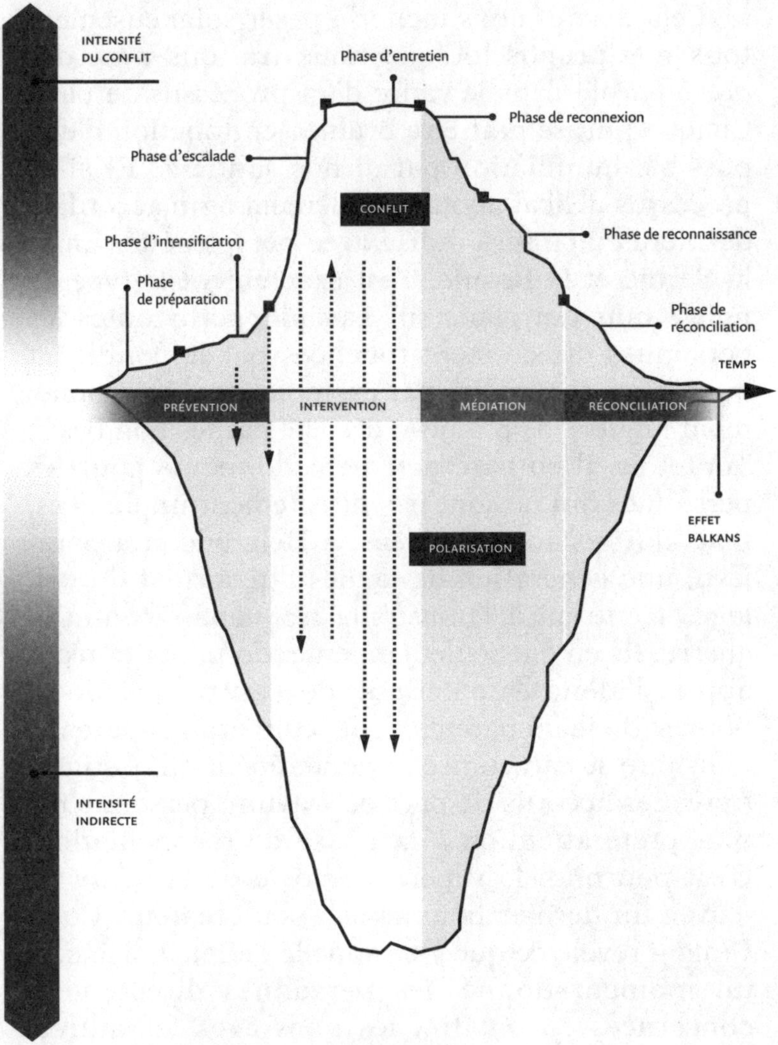

Figure 12. Interaction entre conflit et polarisation. Conflit au-dessus de la ligne de flottaison et polarisation en dessous.

Cela devrait nous inciter à peser soigneusement tous nos propos lorsque nous traitons avec des porte-parole dans le cadre d'un processus de paix. Chaque phrase doit être évaluée en fonction d'une possible humiliation parmi nos soutiens. Et si ce processus délicat aboutit finalement à un accord, la dernière étape sera omise avec perspicacité. Entre la Serbie et la Bosnie, c'est exactement le type de nuage noir qui plane sur l'avenir, pour toutes les personnes directement touchées par le conflit (et qui n'a pas été touché, par exemple, par l'environnement lugubre de Sarajevo dévasté par les bombes ?) Toutefois, il en va exactement de même pour les personnes qui ne sont pas directement impliquées, mais qui restent polarisées. À Belgrade et à Sarajevo, une génération de jeunes qui sortent du collège et entrent à l'université n'a jamais connu la guerre. Ils en ont seulement entendu parler et n'ont appris l'identité maléfique de l'autre que de la bouche de leurs parents et de leurs grands-parents. L'histoire se caractérise par une répétition obstinée. Après les accords de paix de Dayton, personne n'a plus prêté attention à la phase de réconciliation. C'est pourquoi le superbe modèle de la *figure 12* – avec un dernier hommage à son créateur, Colin Craig – révèle ce que l'on appelle l'effet Balkans. À un moment donné, les personnes directement concernées en ont fini les unes avec les autres. Entre-temps, la polarisation persiste et imite, après un certain temps, les développements survenus au-dessus de la ligne de flottaison. Dans les Balkans, cela se traduit de temps à autre par une nouvelle flambée de la guerre.

Les conflits et la polarisation interagissent. Pour gérer la polarisation, il convient de bien distinguer les principales caractéristiques des deux phénomènes. Il est sage de ne pas confondre conflit et polarisation. Si les syndicats et les employeurs laissent un problème s'envenimer, nous avons un conflit et non une polarisation, même si des groupes importants se joignent encore à la bataille. En revanche, lorsque, dans les années 1970, un petit groupe de pirates de l'air moluquois a occupé une école à Smilde, une petite ville du nord-est des Pays-Bas, et arrêté un train roulant en direction de la ville de Groningue, il s'agissait indubitablement d'un conflit. Pour autant, ce serait une erreur de ne pas remarquer la forte polarisation qui était à l'œuvre. L'identité néerlandaise s'opposait à l'identité moluquoise, une polarisation alimentée durant de nombreuses années par les idéaux des combattants de la liberté moluquois. Les Moluques étaient une colonie néerlandaise jusqu'à leur rattachement à l'Indonésie en 1950. Aujourd'hui, un groupe relativement restreint de Moluquois vit aux Pays-Bas, principalement des descendants de soldats néerlandais qui avaient prévu de ne venir aux Pays-Bas que pour un temps, mais qui ont été contraints d'y rester.

Un conflit est un conflit, une polarisation est une polarisation. Nous pouvons illustrer l'interaction entre les deux par de nombreux exemples, mais les solutions à la polarisation sont plus intéressantes. De quels outils de négociation disposons-nous dans notre répertoire lorsque nous voulons dépolariser ? Existe-t-il un remède ? Il m'a fallu une décennie d'expérience pratique pour entrevoir la réponse. Mais avant d'en arriver là, en tant que philosophe, je voudrais ajouter un dernier ingrédient à cette section du livre. Il s'agit de notre vision la plus fondamentale et la plus cruciale de la nature humaine.

4

Notre vision de la nature humaine

Différents ou identiques ?

Pourquoi les gens ont-ils des conflits, pourquoi sommes-nous sensibles à la pensée du « nous contre eux » ? D'une manière générale, deux réponses possibles entrent en ligne de compte. La première part du principe que les conflits surviennent à cause de nos différences. Les gens s'opposent parce qu'ils ont des idées, des convictions, des visions, des intérêts, des habitudes, des routines, des cultures ou des religions différents. Nous sommes indiciblement différents, et cette différence est la source du conflit. Dans cette vision, par exemple, les individualistes occidentaux s'opposent à la culture sociale et à l'identité asiatiques. D'une manière générale, la source du désaccord réside dans la différence. Tel est le principe de cette vision de la nature humaine.

Bref, nous nous battons les uns contre les autres – des conflits surgissent – simplement parce que nous sommes très différents et que nous ne pouvons pas résoudre nos différends de manière pacifique. Les personnes qui ont cette vision des choses accordent la priorité aux questions de différence. La différence d'identité, le fait d'être différent de l'autre, capte l'attention et exige une solution. C'est bien sûr ce que veulent les partisans de la polarisation. Il s'agit ici de qualifier les identités des pôles opposés et d'indiquer leurs différences mutuelles.

Une approche opposée consiste à affirmer que le conflit ne naît pas de la différence, mais de la similitude. Dans cette vision, nous nous ressemblons parce que nous voulons tous la même chose, tant du point de vue matériel concret que du point de vue immatériel abstrait. Nous voulons tous des ressources économiques tel que le revenu, et des ressources symboliques tels que la reconnaissance et le statut social. Et comme il y a un certain degré de rareté de ce à quoi nous aspirons, nous nous heurtons les uns aux autres pour l'obtenir.

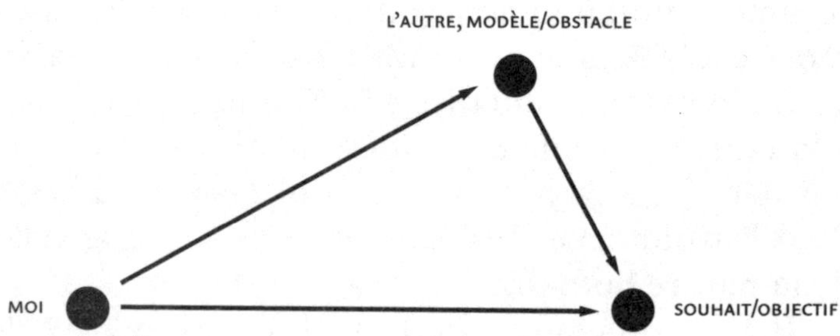

Figure 13. Triangle modèle/obstacle : mimèsis.

René Girard a développé cette ligne de pensée dans sa théorie du désir mimétique. Selon lui, nos choix de vie sont médiatisés. Ce que nous désirons ne vient pas de ce que nous sommes, mais de ce que nous voulons être. Nous recherchons tout autour de nous des exemples à copier. L'illustration la plus simple, mais aussi la plus frappante, se trouve dans le monde des enfants. Mettez deux enfants en bas âge – par exemple, deux garçons de quatre ans – dans une pièce avec des jouets. Disons qu'il y a un tracteur rouge, un tracteur bleu, un jeu de briques et bien d'autres choses avec lesquelles un jeune enfant peut jouer. Si le premier petit garçon se dirige tout de suite vers le tracteur rouge et veut s'en emparer, que veut le second ? Le tracteur rouge, bien sûr. Le désir du second est médiatisé par le premier. Nous n'éprouvons pas de désir originel, nous voulons ce qui nous semble désirable. C'est pourquoi, par exemple, nous aimons le garçon ou la fille le ou la plus séduisant·e de la classe, parce qu'il ou elle est très apprécié·e. La désirabilité n'est pas déterminée individuellement, mais par ce que Girard appelle le « modèle ». Encore une fois, nous tirons notre désir de l'autre, il n'est pas originel. Le monde de la publicité l'a bien compris et prête au phénomène une forme littérale quand elle affiche le « modèle » idéal.

L'écueil, c'est que si l'autre est le modèle de notre désir, il en constitue aussi l'obstacle. Après tout, une seule personne peut se targuer d'être « la plus » appréciée de la classe. Qui donc sera l'heureux·se élu·e ? La théorie de Girard nous permet de conclure que nous avons des conflits avec l'autre simplement parce que nous voulons la même chose. La différence d'identité n'est pas l'élément diviseur, bien qu'elle puisse sembler l'être. L'autre est à la fois notre modèle et notre obstacle. Cette approche est fondamentalement différente de la vision selon laquelle les gens s'opposent les uns aux autres en raison de leurs différences. D'ailleurs, cette idée ternit l'image que nous avons de nous-mêmes. Nous nous raccrochons à l'illusion que nous sommes uniques, que nous créons un projet de vie inédit. Notre identité en est l'expression ou, pour le dire autrement, notre projet de vie rend justice à notre originalité, à notre identité. Girard modifie cette image. Son idée selon laquelle nous sommes surtout des imitateurs – c'est le mécanisme de la mimèsis – gâche cette image de ce que serait l'être humain. Nous dépendons du regard de l'autre, de ce qu'il pense de nous. Ce que nous voulons et désirons dans la vie est passé au crible de ce que la société, l'autre, nous présente comme désirable. René Girard appelle cela un « mensonge romantique », le fait que tant d'entre nous s'en tiennent à l'idée d'une personnalité individuelle comme étant la clé de voûte et la finalité de notre parcours de vie. Nous sommes tous soumis à des forces mimétiques, nous sommes tous dépendants.

Toutefois, ce n'est pas là encore l'essentiel. Il existe deux autres conséquences qui affectent profondément notre attitude face au conflit et à la polarisation. Si la vision de l'humanité selon René Girard est correcte, le phénomène du conflit fait partie de l'être humain, de la société. Le conflit est la situation normale et non l'exception. Si je m'appuie sur ce constat (dans le cadre de cette vision de la nature humaine) pour formuler une bonne définition de la paix, j'obtiens ceci : la paix est une longue série de conflits que nous avons gérés avec succès. Le phénomène du conflit est ancré dans ce concept de paix. Cette idée diffère nettement de la définition de la paix comme absence de conflit. Cependant, cette deuxième définition, celle de l'harmonie, où la paix et le conflit s'excluent mutuellement, est la plus courante. J'ai constaté que l'acceptation de ma définition nécessitait un changement important dans la façon de penser des gens. Pour nous, il est essentiel de renverser le mode de pensée habituel sur ce point.

La question de la culpabilité

Si la paix est l'absence de conflit, le conflit revêt alors une valeur très négative. Comparez cela à l'harmonie, où une fausse note peut gâcher toute une composition. Cela introduit immédiatement l'idée que, de ce point de vue, les gens condamnent sévèrement non seulement le conflit, mais aussi ceux qui en sont responsables. Qui a joué cette fausse note ? Cette présomption – la question de la culpabilité – apparaît immédiatement, et elle est inextricablement liée à la définition de la paix en tant qu'absence de conflit. C'est pourquoi cette définition habituelle a tant besoin d'être révisée. La question de la culpabilité alimente non seulement le conflit, mais aussi la polarisation. Elle entrave immédiatement tout effort de progrès.

C'est ce que l'on observe dans de nombreux conflits prolongés. Dans mon travail de formation en gériatrie, je suis confronté à des services et des équipes de soignants qui parfois se détestent. Ceux qui travaillent au « rez-de-chaussée » ne supportent pas ceux qui travaillent au « premier étage ». Les échanges d'accusations se succèdent sans fin. « Ils [les autres] ne sont pas prêts à venir nous aider quand nous manquons de personnel. Ils sont les premiers à mettre la main sur le bon chariot de médicaments, celui aux roulettes bien amorties. Ils sont trop paresseux pour sortir nos sacs poubelles de temps en temps. » Le reproche est un enjeu perpétuel. La question de savoir qui est responsable de ce manque désespérant de coopération réussit à occuper les soignants pendant des heures. Il n'est possible de sortir de cette impasse que si l'on dissout la question de la culpabilité. J'y parviens – après une entrée en matière prudente, évidemment – en demandant à l'équipe du « rez-de-chaussée » ce qui se passerait si tous les membres de l'équipe du « premier étage » étaient licenciés. Ils auraient alors de nouveaux collègues, de nouveaux voisins. Quel est le risque que la même situation se reproduise ? Qu'ils se retrouvent une fois de plus dans une posture du « nous contre eux » ? Que des conflits surgissent ? C'est assez probable, admettent-ils. Nous sommes conscients, de manière latente, que le conflit est toujours présent, dans tout type de coopération. Nous ne pouvons pas rejeter la responsabilité des conflits sur une seule personne, un seul service, un seul département ou une seule équipe, un seul groupe de population ou une seule nation.

Si tel est le cas, la question de la culpabilité – qui est à blâmer ? – est contre-productive. Cette question nous paralyse. La question de savoir comment il convient de gérer les conflits devient alors beaucoup plus importante. Pouvons-nous nous entraîner à gérer les conflits ? Que ceux-ci fassent partie de la vie, c'est une évidence. En fait, la prise de conscience, la capacité à gérer les conflits en douceur est la condition essentielle à une bonne coopération. Le conflit ne perturbe pas la coopération : il est l'occasion de construire une saine coopération. La paix n'est pas l'absence de conflit. Selon sa définition la plus appropriée, la paix est une longue série de conflits que nous avons traités de manière civilisée. Ce n'est pas la plus répandue, même si elle est réaliste, mais en fin de compte, cette définition a une longue histoire. Les religions et les philosophies de vie du monde ne placent pas le conflit au centre – la souffrance, le crucifix, le djihad – pour l'éviter. Il n'y a pas de voie dans la vie pour abolir le conflit, mais il existe une possibilité de l'examiner. Cacher le conflit – le refouler, comme dirait le psychologue – est une réponse compréhensible pour tenter de rétablir l'harmonie, mais c'est aussi la meilleure recette pour s'assurer que l'harmonie ne durera pas longtemps.

*

Résumons-nous. Il est important de se demander comment nous définissons le conflit. Dans notre vision de la nature humaine, est-il l'exception à une situation normale, c'est-à-dire à la paix ? Si nous acceptons la vision de la nature humaine selon laquelle le conflit fait partie de la paix, nous réagirons différemment. Mais qu'en est-il si notre vision de la nature humaine nous dit que le conflit ne relève pas de l'exception, mais de ce qui est normal ? Nous ne devrions pas nous en alarmer, mais plutôt l'utiliser. Dans ce deuxième cas, nous avons la possibilité d'apprendre à gérer les conflits, c'est-à-dire à œuvrer pour la paix. Dans le premier cas, nous avons tendance à nous poser immédiatement la question de la culpabilité – qui pouvons-nous blâmer ? – et nous préférons trouver un bouc émissaire, parce que la paix a été rompue. Qui est coupable, à qui la faute ? Dans un premier temps, la réponse à la question de la culpabilité ne nous apporte rien.

Notre vision du conflit est étroitement liée à notre vision de la nature humaine. Les conflits dans le monde – qu'il s'agisse des États-Unis ou de la Russie, des habitants du Nord ou du Sud, des musulmans ou des non-musulmans – sont-ils dus au fait que nous sommes tous différents ou que nous aspirons tous à la même chose ? Ou bien traversons-nous des conflits parce que, pour des raisons culturelles ou religieuses, nous croyons en des vérités différentes ? Le fait que des civilisations s'affrontent sur la scène mondiale confirme cette hypothèse. La différence d'identité est-elle à l'origine du conflit ?

Mon approche est différente. Nous connaissons des différends parce que nous voulons la même chose. Nous voulons la même terre (Israël/Palestine), le même accès au marché du travail ou aux établissements d'enseignement, la même reconnaissance ou le même statut social, la même estime sociale pour ce que nous sommes et ce que nous faisons, pour ce que nous sommes et ce que nous pouvons apporter. En outre, il m'est apparu clairement que cette définition – la similitude comme source du conflit – nous fournit un principe pratique et réalisable pour progresser avec les partenaires du conflit. Ce n'est pas une preuve empirique de ma vision de la nature humaine, mais c'est important. En effet, si nous plaçons la question de la culpabilité au centre et si nous la lions à la différence entre les identités, nous continuons à alimenter la polarisation. C'est l'impact que les instigateurs seraient heureux d'avoir. Ce choix est à leur avantage. C'est précisément l'écueil du constructeur de passerelles. Dans les prochains chapitres, j'aimerais avoir un impact différent. Je souhaite une nouvelle approche du phénomène séculaire de la polarisation. Quelles sont nos options (professionnelles) ? Qu'est-ce que la gestion de la polarisation, et comment développer une stratégie à cet égard ?

TROISIÈME PARTIE

Des stratégies pour dépolariser

5

Pour un dialogue efficace

Quiconque veut élaborer une stratégie de polarisation doit disposer d'une boîte à outils. Je vais à présent compléter les outils que j'ai fournis dans les deux premières parties de ce livre. La boîte à outils contient déjà des informations sur les distinctions entre conflit et polarisation et sur leur interaction mutuelle. Vous y trouvez également les trois lois fondamentales de la polarisation, ses cinq rôles, et nous avons aussi vu que nous passons par sept phases de conflit, chacune ayant ses aspects, ses points d'intervention et ses moments caractéristiques. Les différentes conceptions de la nature humaine qui influencent notre attitude et notre évaluation de la polarisation s'y trouvent en arrière-plan. Cette boîte à outils est la base – un ensemble fondamental d'instruments analytiques – pour définir notre position dans ce qui semble être la pratique ingérable de la polarisation.

Mon ambition – à court et à long terme – reste toujours de maintenir ou de restaurer la cohésion sociale. C'est le cas pour les membres d'une équipe, car nous voulons tous coopérer. C'est aussi le cas pour un quartier ou une ville, parce que nous voulons tous vivre ensemble. C'est le cas de la famille, parce que nous voulons avancer dans la vie ensemble. Enfin, cela s'applique à l'ensemble de la société, car nous voulons tous la paix et la prospérité. En fait, l'objectif est incontesté. Là n'est pas le problème. Toutefois, avec la polarisation – la pensée du « nous contre eux » –, le moyen que nous employons pour atteindre cet objectif reste généralement tout aussi incontesté : le dialogue. J'ai beaucoup de difficulté avec cela. Utiliser le dialogue comme moyen d'atteindre un objectif est extrêmement complexe. Qu'est-ce qu'un bon dialogue et qu'est-ce qu'un dialogue approprié à un moment donné ?

Les constructeurs de passerelles utilisent le terme comme une formule magique. C'est tout à fait compréhensible, car notre raisonnement nous dit que la polarisation aliène les individus et que la bonne solution semble donc résider dans la conciliation. C'est aussi simple que cela. Et le meilleur moyen de se reconnecter les uns aux autres, de se réconcilier, semble être le dialogue. Mais il s'agit là d'une idée fausse. Sur ce point, nous ne possédons pas assez de recul ; le concept de dialogue ne s'avère pas assez contrasté. Pour de nombreux constructeurs de passerelles, c'est une tache aveugle. Le concept mérite une exploration intensive et pragmatique.

Il existe quantité de façons de mener un dialogue. Pour ne citer que quelques termes à la mode, nous avons la « discussion saine », le dialogue socratique, la méthode du bâton de parole, la communication non violente, la démocratie profonde, le dialogue hybride, le dialogue interculturel et le dialogue interreligieux. Les sessions de dialogue peuvent durer des jours entiers ou, au contraire, se dérouler à des dates précises, chaque année autour d'une table de conférence ou une seule fois dans un espace ouvert. La liste des méthodes de travail est longue. Toutes sont précieuses et, en ce qui me concerne, la compétence des facilitateurs n'est pas contestée.

La notion qui nous manque ici, et dont nous avons besoin, est celle du bon timing. Au cours du processus de conflit, nous devons savoir quel est le bon moment pour entamer le dialogue. La phase de prévention nécessite un type de dialogue différent de celui que vous mèneriez au stade des phases de médiation ou de réconciliation. Lors de la phase d'intervention, le dialogue reste contre-productif, voire sans espoir. En général, nous utilisons tout un arsenal de méthodes, dirigées par des superviseurs de dialogue expérimentés et passionnés, et qui sont particulièrement applicables à la phase de prévention. Aux autres phases, elles ne s'appliquent généralement pas. C'est une tache aveugle que nous partageons tous. De nos ministères nationaux jusqu'aux groupes de discussion locaux, cette tache aveugle fait des ravages. Dans les autres phases, la mise en place et la conduite d'un dialogue de prévention font souvent plus de mal que de bien, surtout au plan de la polarisation. Je constate que nous ne connaissons pas suffisamment les types de dialogue et le moment de les appliquer, et que nous manquons donc surtout d'un bon timing. C'est pourquoi je complète les outils de précision de la boîte à outils de la polarisation par les idées suivantes.

Le timing est essentiel

Le type de dialogue le plus connu en Europe se déroule comme suit. Qu'il s'agisse d'une initiative de dialogue dans la ville de Bruxelles, d'une délibération interreligieuse en Espagne ou de la « journée du dialogue et de la compassion » à Rotterdam, l'intention est toujours la même : « Faisons connaissance. » Nous sommes invités à mener une conversation pour apprendre à nous comprendre. Il y a suffisamment d'espace pour explorer l'identité de l'autre, et tous ceux qui s'assoient autour de la table ont de bonnes intentions. Le but est d'échanger des idées pour que, finalement, au-delà des différences de vision, d'habitudes et de philosophies de vie, les participants puissent aussi discuter de leurs similitudes. Les promoteurs du dialogue lancent souvent une invitation ouverte à différents groupes, et dans le cas d'un dialogue interreligieux, il est évident d'inviter des musulmans, des chrétiens, des juifs, des humanistes et éventuellement un bahá'í ou un franc-maçon, peu importe.

Après analyse, nous pouvons distinguer quatre aspects du dialogue : 1) l'objectif est la paix et l'harmonie, 2) les participants sont volontaires (libre accès), 3) l'identité de l'autre est centrale et 4) il s'agit d'échanger des connaissances. Ce sont là les caractéristiques sous-jacentes, mais ensuite, toutes sortes de méthodes de travail sont utilisées. Les participants peuvent utiliser la méthode du « bâton de parole », dérivée d'une ancienne coutume amérindienne, où l'orateur tient un bâton pendant qu'il parle et, lorsqu'il a terminé, le passe à l'orateur suivant. Cette méthode permet de s'assurer que les participants prennent du temps pour l'autre et écoutent correctement. On évite la discussion. L'acquisition de connaissances sur l'autre et l'identification avec lui représentent les tâches principales. Il n'y a pas de conflit entre les participants, qui parlent souvent de leurs bonnes intentions, et comme la participation est volontaire, ils sont souvent de bonne volonté. Ils renoncent à une journée ou une soirée de liberté pour passer du temps à faire connaissance avec l'autre. Ils y sont prêts parce qu'ils veulent contribuer à la compréhension mutuelle et à la bonne coexistence. La raison qui sous-tend le dialogue peut parfois s'avérer problématique, par exemple les conflits entre Moluquois et Marocains dans le quartier de

Terweijde à Culemborg, ou le fossé général entre musulmans et non-musulmans en « Occident ». Toutefois, les participants à ce dialogue n'ont pas toujours eux-mêmes vécu le problème. Les véritables fauteurs de troubles – s'ils peuvent être identifiés – ne sont pas présents à la table du dialogue, ce qui confère généralement aux participants un certain sentiment d'impuissance. Dans les initiatives de dialogue visant à combattre le « nous contre eux » de la polarisation, les véritables chercheurs de nuances sont présents dès le départ.

Un point important est à relever à cet égard : « l'identité de l'autre » occupe une place centrale. De par sa nature même, cette configuration risque d'alimenter la polarisation. Parler d'identité – en termes négatifs ou positifs – n'élimine pas le carburant de la pensée du « nous contre eux ». En fait, cela leur ménage de l'espace, même si tout se déroule de la manière la plus harmonieuse qui soit. Le dialogue n'est pas exempt de danger. À mes yeux, la mesure dans laquelle l'identité de l'autre occupe une place centrale (et c'est souvent le cas dans le dialogue interreligieux) détermine le degré de risque. Pour cette seule raison, il est très important qu'une autorité locale opère la distinction entre les initiatives de dialogue qui doivent être subventionnées et celles qui ne doivent pas l'être. Le terme de dialogue est souvent approuvé avant toute analyse des quatre points cités ci-dessus.

Étape	Prévention	Intervention	Médiation	Réconciliation
Calendrier	Harmonie	x	Conflit	Croyances
Conception	Identité – l'autre	x	Expérience propre – moi	Relation – nous
Niveau	Connaissance	x	Compétences	Attitude
Participation	Adhésion ouverte	x	Recrutement – nous & eux séparés	Recrutement – nous & eux ensemble
Caractéristique	Parole	x	Formation et parole	Réflexion, formation et parole

Figure 14. Les caractéristiques d'un dialogue efficace.

Reprenez les mêmes quatre points relatifs au dialogue dans la phase de médiation. En l'occurrence, il est tout à fait logique de laisser de côté la phase d'intervention, car tant que les parties voient un intérêt à investir dans le conflit et ne se sont pas encore lassées, les initiatives de dialogue seront toujours contre-productives.

Dans la phase de médiation, les parties ne sont pas intéressées par une discussion amicale autour de l'harmonie. Et pour cause, la querelle vient à peine de s'achever ! Par exemple, un mois après les échauffourées entre Marocains et Moluquois à Culemborg, les sentiments s'étaient apaisés à un niveau acceptable. L'escalade de la violence de la nuit de la Saint-Sylvestre était close, la police anti-émeute était partie. Mais à ce stade, un dialogue de prévention aurait été tout simplement inapproprié.

À ce moment, il est facile de parler d'« harmonie », mais le terme de « conflit » englobe également la colère, y compris le déni. Tous les faits entourant les événements exigent une attention particulière. Dans cette situation, si nous voulons organiser des discussions, le dialogue doit présenter les quatre caractéristiques suivantes : 1) le « conflit » est désormais le seul sujet approprié ; 2) il ne doit pas porter sur « l'autre » (toutes les parties ont été blessées), mais sur les parties elles-mêmes (autoréflexion et expression), et ne doit pas non plus viser une connaissance détachée ; mais 3) il convient de se concentrer sur les compétences des parties elles-mêmes en matière de gestion des conflits. À ce stade, le libre accès se révèle tout à fait inapproprié. L'organisation d'un dialogue exige à présent 4) un recrutement très judicieux des participants.

La caractéristique des individus qui se trouvent à la troisième phase de conflit et de polarisation, c'est qu'ils veulent pouvoir parler de leurs propres expériences. Les jeunes qui, en raison de leur origine musulmane, ne peuvent obtenir un stage en entreprise, nécessaire à la poursuite de leur carrière, ne voient pas beaucoup d'intérêt à une discussion sur les différences ou les similitudes entre le christianisme et l'islam (dialogue de prévention). Ils se sentent rejetés, leurs qualités personnelles n'ont pas été perçues ou entendues. La douleur, l'expérience personnelle et le conflit deviennent automatiquement centraux, et tous ces facteurs doivent avoir leur place dans le dialogue et être liés à des questions de suivi. Par exemple : de quelle manière pourriez-vous améliorer votre capacité à gérer ce conflit et cette polarisation ? À Culemborg aussi, les habitants de Terweijde ont vécu une expérience intense. Ils auraient dû se voir accorder la possibilité d'exprimer leur douleur, leur choc ou leur colère, qui laisse de la place à un questionnement sur la manière dont ils voudraient ou pourraient y faire face.

Cependant, faute d'une prise en compte suffisante, les autorités locales de Culemborg ont soutenu le type de dialogue décrit dans la première colonne de la *figure 14*. Peu après ces douloureux événements, elles ont convié les femmes du district des deux parties à une réunion. Elles ont préparé l'ordre du jour suivant : les Moluquoises devraient décliner leur identité, puis les Marocaines auraient à faire de même. Ainsi, ce n'était plus le conflit, mais les identités qui étaient placées au centre. Les autorités estimaient que les femmes moluquoises viendraient à la réunion parler de leurs origines, de ce qu'elles étaient, de l'endroit où se trouve Ambon, de ce qu'était la situation dans l'après-guerre et de ce qu'était la vie dans le camp d'internement de Vught. Il s'agirait d'échanger des connaissances et de comprendre les positions des uns et des autres, estimait l'organisation. Les femmes marocaines expliqueraient des aspects de leur culture, notamment la façon dont elles célèbrent un mariage, leurs coutumes, la façon dont une mariée s'habille dans leur culture et tous les rituels qui y sont associés. Les autorités appliqueraient les éléments du dialogue de prévention au cours de cette troisième phase (!). Il s'agirait de parler de l'autre et de son identité, dans le but ultime de « vivre en harmonie ». L'échange de connaissances sur l'identité de l'autre serait la potion magique grâce à laquelle tout irait mieux.

La réunion eut donc lieu, mais les femmes bien intentionnées qui s'y rendirent volontairement n'étaient pas nécessairement les figures de proue de la communauté. Une bonne partie des véritables agitateurs, qui avaient pris une part active dans cette agitation, n'étaient pas présents. Par conséquent, la réunion ne permit pas de s'attaquer aux problèmes douloureux. En outre, même avec les meilleures intentions du monde, elle renforça l'idée que l'identité demeurait un facteur décisif dans les conflits. Elle mit l'accent sur les différences et, plus important encore, il y avait de fortes chances qu'elle ait épuisé la bonne volonté des participants. Ces derniers s'étaient investis dans une rencontre qui leur avait plu, au début. Une telle rencontre fait tomber les stéréotypes sur l'ennemi, mais au bout du compte, il n'y a aucun progrès. Ce type de dialogue, ayant lieu au mauvais moment, use le capital social et peut-être même, pour le formuler de façon dramatique, le dernier vestige de ce capital social. Il est difficile de remobiliser les participants pour une deuxième tentative. Il vaut beaucoup mieux choisir le bon moment, se demander à quelle étape on se trouve et de quel type de dialogue on a besoin, ici et maintenant.

Avant, pendant et après le conflit, le choix du moment est d'une importance vitale. Ce n'est qu'à ce moment-là que vous pourrez agir efficacement. Après les attentats terroristes de Paris et de Bruxelles, qui se sont succédé si rapidement, la polarisation entre musulmans et non-musulmans a été très intense. À l'époque, un dialogue sur l'identité n'aurait pas été approprié. La discussion aurait plutôt dû porter sur le conflit à l'œuvre dans notre société. Que vit un musulman ? Qu'est-ce qui le bouleverse ? Qu'est-ce qui a un impact ? Qu'est-ce qui fait souffrir ? Où sont les certitudes, que peut apporter l'autoréflexion ? Quels sont les champs de tension dans lesquels le musulman doit évoluer ? Ce sont là des questions pertinentes, y compris pour les non-musulmans. Quels sont les problèmes, qu'est-ce qui dérange, qu'est-ce qui exerce un impact ? Quelles sont les certitudes et les incertitudes, et qu'est-ce qui crée un champ de tension ? Il ne doit pas s'agir d'une discussion ou d'un échange de connaissances sur les identités (ce carburant). Ce qui importe ici, c'est le récit personnel, l'histoire de l'implication de la personne. Dans la polarisation, c'est une condition du dialogue. C'est précisément pour cette raison qu'il est essentiel de recruter les bonnes personnes. Un dialogue efficace est mené par des groupes, par des participants qui savent qu'ils sont eux-mêmes à l'origine du problème et sont prêts à le formuler à voix haute. Dans un conflit, il est toujours judicieux de prendre place autour de la table avec les personnes directement concernées. Mais dans le cas d'une polarisation, tout l'enjeu consiste à identifier les responsables du problème et à les amener à parler d'eux-mêmes.

Dans ce processus, il n'est pas intrinsèquement nécessaire de réunir les pôles opposés. L'idée est de procéder à une autoréflexion. Dans le cas de Culemborg, j'étais partisan d'éviter de réunir « nous et eux » dans une discussion. Lors de la troisième phase, il est souvent préférable que les gens commencent par se parler entre eux. Il est judicieux de recruter, par l'intermédiaire des bonnes personnalités, les personnes réellement concernées et de les laisser s'exprimer au sein de leur propre cercle. De leur permettre de se raconter leur propre histoire. En fin de compte, cela peut les amener à apprendre à gérer le conflit. Grâce à cette méthode, l'ensemble du processus revêt presque l'allure d'un cours de formation. Pour un « cours sur la paix », il n'est pas important d'apprendre à exprimer l'intention de vivre en harmonie. La véritable formation à la paix consiste à s'entraîner à gérer le prochain conflit, car celui-ci surviendra toujours, inévitablement. Telle est la pertinence du travail de dialogue : dans le quartier de Terweijde à Culemborg, dans le quartier de Molenbeek à Bruxelles, dans les médias nationaux, dans la controverse entre musulmans et non-musulmans. Ce n'est que dans le cadre de nouveaux conflits que nous pouvons réellement observer si le dialogue a abouti à quelque chose d'utile. L'absence de nouveaux conflits n'est pas la preuve d'un (bon) résultat. Le véritable objectif reste de gérer les conflits de manière civile. L'harmonie ou la paix est le résultat d'une série de conflits que nous avons observés, que nous avons traités, et dans lesquels nous avons fait preuve des compétences nécessaires pour survivre aux problèmes, sans tomber dans un mode de pensée en noir et blanc. Un dialogue adroitement mené n'est pas un « truc » pratique à utiliser pour éviter les problèmes ou les obstacles.

Il est frappant de constater qu'au cours de la dernière phase, les gens devraient réfléchir à leur philosophie de vie. La religion est souvent présentée comme une différence entre les peuples ou comme la raison principale des conflits entre les civilisations. Des philosophies de vie sont alors considérées comme la cause des conflits et de la polarisation. Ici, ce n'est pas le cas. Dans les conflits, ce ne sont finalement pas nos différences qui nous opposent. Il s'agit donc souvent d'un affrontement autour de biens rares. Les musulmans et les non-musulmans s'affrontent parce qu'ils veulent utiliser les mêmes ressources, telles que l'éducation, le logement, l'emploi, l'autorité et, sur le plan immatériel, la reconnaissance, le statut et l'appréciation. Cette lutte s'entoure de nombreux débats sur les différences identitaires. Nous ne devons pas les écarter au motif qu'elles ne seraient pas pertinentes, mais ce qui nous anime, c'est la rareté et la rivalité autour des ressources matérielles et immatérielles. Pour prendre une comparaison banale : dans une petite ville néerlandaise, un conflit excessif est né au sujet de personnes qui laissaient leurs chiens souiller un parc local. Je ne peux pas attribuer ce conflit à des différences d'identité, à la différence entre personnes dégoûtées par les excréments de chiens et d'autres qui ne le sont pas. Le vrai problème, c'est qu'ils utilisent tous le même parc : les enfants ont envie d'y gambader et les propriétaires de chiens revendiquent le même droit pour leurs compagnons à quatre pattes. C'est donc la rareté qui nous anime. Dans ce cas, le conflit ne peut être imputé à une différence d'identité.

À mon avis, la religion et la philosophie de vie ne sont pas à l'origine des principaux conflits de notre époque, même si elles peuvent faire partie de la solution. Au cours de la phase de réconciliation, nous pourrions organiser un dialogue dans lequel les parties, celles qui sont directement impliquées, parviendraient à se poser la question suivante : quelles idées, quelle attitude face à la vie ma propre religion ou philosophie de vie représente-t-elle ? Que puis-je apporter en cas de conflit ? Quel est le plan supérieur en matière de conflit ? Que disent le Coran, la Bhagavad Gita ou la Bible, que diraient le dalaï lama, un stoïcien ou (me concernant) le philosophe Emmanuel Kant à ce sujet ? Quels sont les principes fondamentaux en jeu ? La question n'est donc pas de savoir si nous avons la faculté d'utiliser ces sources pour nous convaincre mutuellement, ni même si nous nous les communiquons. Il s'agit plutôt de savoir comment utiliser ces sources pour former une attitude qui nous permette de bien gérer les conflits. La foi, la spiritualité ou la philosophie de vie ne sont pas la cause, mais des facteurs à mobiliser. La question qui se pose alors à un musulman est la suivante : quelle est la manière islamique de gérer les conflits ? Au chrétien : quelle est la manière chrétienne de gérer les conflits ? À l'humaniste : quelle est la façon rationnelle et justifiable de gérer un conflit ? Désormais, ce n'est plus l'identité de l'autre qui est centrale, mais un recalibrage fondamental de notre propre attitude, et pour cela, rien ne nous empêche de puiser dans d'autres sources – ou dans notre propre inspiration. Le résultat peut faire apparaître un nouveau « nous » : non pas comme un objectif ou une condition, mais comme le sous-produit d'un dialogue honnête et intensif sur notre manière de gérer les conflits, sur la base duquel nous pouvons conclure des accords entre nous. Une démocratie civilisée produit le nouveau « nous » et la conduite qui s'y rattache.

Armés de ce cadre de pensée et de la distinction entre les différents types de dialogue nécessaires aux différentes étapes, nous pouvons maintenant passer à l'étape suivante. Cela aide ceux qui travaillent au dialogue et leurs clients (autorités locales, ministères, commissions européennes et commissions de subvention) à recruter les bons participants, à décider des bons sujets de discussion à inscrire à l'ordre du jour et à formuler les bonnes demandes. Ces thèmes peuvent concerner l'échange de connaissances et la compréhension de l'autre (prévention), la formation aux techniques de gestion des conflits (médiation) ou la réflexion sur sa propre attitude et sa philosophie de vie dans le cadre du conflit (réconciliation). La stabilité et la cohésion sociales dépendent de chacun de ces trois types de dialogue, qui peuvent parfois être proposés de manière combinée ou séquentielle. Selon moi, il est particulièrement important de distinguer correctement les trois types de dialogue et de bien en déchiffrer les circonstances exactes afin de découvrir les indicateurs du type de dialogue convenable ou nécessaire.

En fin de compte, c'est la situation, la phase du conflit ou la polarisation qui dicte ce qu'il convient de faire. Une mauvaise évaluation produira de mauvais résultats ou sera même dommageable. Le timing est essentiel. Dans de nombreux cas de controverse entre musulmans et non-musulmans, pourrions-nous encore être dans la phase d'entretien, ou pourrions-nous atteindre les populations locales lors de la phase de médiation ? Il faut là une évaluation exacte et précise. Si le moment est mal choisi, la conduite d'un dialogue de prévention n'est souvent qu'une formalité. Où trouvez-vous des personnes prêtes à mener un dialogue lors de la phase de réconciliation ? Dans la province de Groningue, au nord des Pays-Bas, les dommages causés par les tremblements de terre aux édifices, notamment aux habitations, dans le cadre de l'extraction du gaz naturel par la compagnie nationale néerlandaise de pétrole et de gaz, NAM, ont créé une polarisation. Les accords conclus avec les propriétaires de maisons touchées par les dégâts semblent indiquer que nous en sommes à la quatrième étape (réconciliation). Cependant, les réunions de dialogue laissent un goût amer. Le gouvernement prend-il les citoyens au sérieux ? Qui se présente comme le constructeur de passerelles ? Quels sont les enjeux et les intentions ? Ici aussi, le timing est essentiel. L'utilisation de méthodes de travail telles que les soirées de participation et la consultation formelle ou informelle des citoyens exige de choisir la bonne forme de dialogue, qui doit présenter les bonnes caractéristiques. Aux Pays-Bas, nous avons acquis beaucoup d'expérience en la matière, au plus fort de la crise des réfugiés. Les maires et les conseils municipaux se creusent encore la tête à ce sujet. Souvent, mais pas toujours, ils évaluent correctement la position des acteurs et du public sur la ligne de conflit.

Lorsque nous avons affaire à des personnes en phase d'entretien, le dialogue n'est pas ou peu efficace. Ce fut le cas fin 2015 dans la petite ville néerlandaise de Geldermalsen, lors d'une soirée de consultation sur l'arrivée potentielle d'un centre de demandeurs d'asile. La police s'est trouvée confrontée à une foule d'habitants en colère. La soirée avait été organisée alors que les choses en étaient encore à la phase de prévention. Les organisateurs n'avaient pas suffisamment pris en compte la force des instigateurs, qui avaient manifestement réussi à attirer rapidement un fort contingent de partisans. Cela nous ramène encore une fois au cœur de la dynamique de polarisation. Ce soir-là, la police a été désignée comme bouc émissaire, et le maire a rapidement repris ce rôle au cours des mois qui ont suivi. L'une des premières tâches consiste donc à choisir la bonne forme de dialogue, qui corresponde à l'étape à laquelle se trouvent les participants.

Au Liban, j'ai eu la chance de proposer une formation intensive à des personnes qui souhaitaient apprendre la médiation des conflits et les méthodes de dialogue. Les participants venaient d'Irak, d'Égypte, de Palestine, de Syrie, d'Arabie saoudite et de nombreux autres pays du Proche-Orient. Le dialogue les intéressait peu. Il leur avait été présenté pendant des années comme la panacée, la solution à tous les problèmes entre les groupes de population. Mais pour eux, il s'agissait là d'une ressource épuisée. Dans cette région, c'est la forme interreligieuse du dialogue qui domine, et elle exerce un impact fort sur les identités des groupes de population. L'idée était que ce dialogue devrait être capable de combler les différences.

Après avoir expliqué la dynamique de la polarisation, révélant ainsi aussitôt une valorisation excessive de la prévention, les participants se sont montrés unanimes : « Maintenant, nous savons pourquoi nous détestons le dialogue. » Ils en avaient assez de cette forme de dialogue. Ils l'avaient trop reproduite. C'était comme s'ils étaient contraints de répéter un mantra promettant l'harmonie, confirmant l'importance de l'identité religieuse et obligeant les gens à écouter et à respecter toutes sortes d'informations sur la religion des autres. En même temps, cela n'avait rien de bon pour la paix. Le dialogue permet à ceux qui le pratiquent de faire bonne figure et de donner une impression constructive, mais en l'occurrence, il n'a pas été en mesure de contribuer à la paix dans la région. De plus, selon les participants, presque partout le dialogue a été détourné par les « têtes parlantes » – ceux que l'on appelle, dans mon modèle, les « instigateurs » et les « constructeurs de passerelles ». Le dialogue apporte de l'eau à leur moulin et confirme leur statut, mais il ne rapproche en rien le groupe silencieux d'éventuelles solutions.

Outre une connaissance approfondie et une expérience pratique de l'utilisation du dialogue, une approche adéquate de la polarisation exige que l'on prenne expressément en compte quatre points de référence. Il s'agit de quatre facteurs cruciaux qui définissent les conditions du jeu. Travailler avec eux peut complètement bouleverser notre approche des conflits et de la polarisation. Ces quatre points de départ d'une stratégie de polarisation sont ceux qui changent la donne. Nous allons les aborder maintenant.

Changer de groupe cible

Pour faire en sorte que la polarisation s'étende, l'instigateur cible le groupe du milieu, le groupe silencieux. La polarisation augmente au fur et à mesure que la taille de ce groupe intermédiaire rétrécit. L'adversaire de l'instigateur, c'est en effet le pôle opposé, mais le groupe cible de l'instigateur n'est pas ce camp d'en face, ce pôle opposé. C'est une erreur que de le penser. Encore une fois, le groupe cible de l'instigateur est celui du milieu, qui est sensible à la pression de polarisation. C'est là que l'incitateur peut gagner du terrain.

C'est ce que l'on observe dans l'attitude de Daech, par exemple. Son terrorisme agit selon la dynamique opérationnelle du modèle. Pour polariser, on peut frapper son adversaire. On frappera *Charlie Hebdo* (qui symbolise la liberté d'expression en Occident) ou le Musée juif de Bruxelles (qui représente l'ennemi Israël). Il est encore plus efficace de frapper le groupe du milieu, comme lors de l'attaque contre les spectateurs du Bataclan à Paris, des Parisiens ordinaires qui passaient une soirée à un concert. Là encore, les terroristes se sont attaqués au groupe intermédiaire en tuant de simples clients de cafés dans les rues de Paris et, quelques mois plus tard, de simples voyageurs dans le métro de Bruxelles et à l'aéroport de Zaventem, proche de la capitale belge. L'attaque du marché de Noël à Berlin, du Tower Bridge à Londres, d'une rue commerçante du centre de Stockholm… Le moyen le plus efficace de polariser consiste à forcer le groupe du milieu à choisir entre le blanc et le noir. Frapper des inconnus, des gens ordinaires comme vous et moi, augmente la pression de polarisation. Une attaque sanglante est celle qui augmente le plus cette pression.

Si la polarisation s'effectue par le milieu, la dépolarisation emprunte exactement la même voie.

Une stratégie antipolarisation méticuleuse exige une approche correcte de cet espace du milieu. Cela signifie qu'il faut cesser de se concentrer sur les pôles. Déplacez votre attention vers un autre groupe cible ; faites du milieu votre zone d'investissement. C'est le premier des quatre facteurs de changement. Cessez de servir les instigateurs.

Nous sommes enclins à nous disputer les pôles. Lorsque nous entendons des petites phrases sans nuances, des slogans percutants, ce que les instigateurs savent faire, nous préférons les combattre. Elles requièrent notre attention. C'est comme lorsque, dans une zone à problèmes, la police n'a aucun mal à dresser la liste des dix ou même des vingt-cinq personnes qui, selon elle, sont à l'origine des troubles. Les habitants de la région les connaissent et les autorités aussi. Dans certaines régions, lorsque deux gangs sont en conflit, les noms des chefs sont connus. Pourtant, il est dangereux de centrer toute son attention sur ces instigateurs et leur cercle de partisans. Au contraire, les forces à mobiliser se situent plutôt au milieu, là où se tient le groupe silencieux. La dépolarisation n'est possible que si l'on change de groupe cible. L'attention portée aux pôles ne fait qu'accentuer la polarisation. Vous pourrez parvenir à la dépolarisation en investissant l'espace médian.

La ville néerlandaise d'Utrecht en offre un bon exemple. La police, en coopération avec la municipalité, y utilise ce qu'elle appelle l'Ally Method, ou méthode de l'Allié. Cette méthode a été mise au point par Rachid Habchi, qui travaille pour la police nationale néerlandaise. Elle vise essentiellement à renforcer le groupe silencieux. Pour constituer ses réseaux dans les quatre grands quartiers d'Utrecht, Habchi a soigneusement recruté les bonnes personnes et, tous les deux mois, il les réunit autour d'un repas. Ils discutent de la sécurité dans leur district, des problèmes, des tensions ; ils se préparent à la polarisation. Ceux qui se joignent à lui autour de la table ne sont pas les instigateurs.

Dans la philosophie d'Habchi, trois types de personnes se portent normalement volontaires pour promouvoir la paix. Elles se présentent comme des modèles qui devraient inspirer les jeunes à adopter un bon comportement. Ces personnes ont des affinités avec les communautés du quartier. Elles ont de l'influence. Mais d'après l'expérience d'Habchi, ces personnes sont aussi celles qui ne sont pas là quand on a besoin d'elles, quand il y a des troubles. Lorsque des émeutes éclatent dans le quartier, ces figures exemplaires ne possèdent aucun impact. Elles ne viennent pas ou plus du quartier. Selon Habchi, leurs différents points de vue peuvent encore être pertinents, mais elles ne viennent pas ou ne sont plus dans la voie du milieu.

Certaines figures clés de la communauté sont également des personnes en qui les travailleurs de l'autonomisation investissent beaucoup. Il peut s'agir d'un dirigeant de mosquée, d'un membre du comité d'un centre communautaire, d'un activiste connu ou d'un militant syndical. Ce peut aussi être un chef de gang. Ces personnalités défendent leurs intérêts propres et, lorsque la polarisation s'intensifie, elles s'occuperont toujours et d'abord de leurs propres intérêts. Cela les rend donc moins fiables pour l'objectif que vise Habchi. Il veut de vrais alliés. Sur qui pouvez-vous compter si, par exemple, il se commet un attentat terroriste et si la polarisation entre musulmans et non-musulmans s'intensifie ? Vous devez alors recruter vos voisins, des personnes influentes mais qui viennent de cet espace du milieu, et qui servent les intérêts des silencieux. Ce sont vos alliés. Fort de ses années d'expérience, Habchi sait comment rassembler les bonnes personnes, qui servent un objectif commun : « assurer la sécurité dans le quartier et garantir l'avenir de nos enfants ».

Les réseaux d'alliés se construisent en temps de paix, lorsqu'il y a peu de tensions, et entrent en action quand la polarisation menace. Un allié peut être un personnage clé, mais aussi une mère de famille possédant une certaine influence dans sa rue, un enseignant qui a la sienne à l'école, un entraîneur dans un club de sport, un commerçant ; en fait, il peut s'agir de n'importe qui. La méthode des alliés affiche une caractéristique : elle renforce le milieu ; ce groupe se réunit régulièrement. La police nationale néerlandaise est en train de déployer cette méthode de l'Allié dans d'autres municipalités des Pays-Bas. Avec cette méthode, vous développez le pouvoir de dépolarisation en temps de paix, mais pas pendant l'incident lui-même, pas une fois que la phase d'escalade a débuté. Il serait alors beaucoup trop tard. La cohésion sociale provient du milieu. C'est là le groupe cible.

Changer de sujet

Vous créez une polarisation en faisant de l'identité des pôles opposés le sujet de conversation le plus important. La dépolarisation consiste à s'éloigner radicalement de cette stratégie. Dans le quartier d'Utrecht, l'enjeu n'est pas de savoir si « les jeunes qui traînent sont nocifs », si « les musulmans devraient retourner d'où ils viennent », ou encore si « les résidents blancs sont égoïstes et racistes ». Ici, le bon sujet, c'est la « sécurité ». Ensuite, vous choisissez un thème qui crée du lien et qui déplaît aux instigateurs. L'instigateur aime pointer du doigt le mal. Pour lui, le thème de la sécurité est un problème, et non un point de vue qui suscite la discussion. La dépolarisation, c'est se tenir à l'écart. Quel potentiel possède notre quartier d'offrir à nos enfants un avenir sûr ? Que pouvons-nous faire pour nous sentir en sécurité ? Comment collaborer avec la municipalité ? Comment coopérer avec la police ? Qui nous empêche d'atteindre ces objectifs et comment pouvons-nous éliminer ces obstacles ? Notez qu'il s'agit de questions. En soi, faire de ces dilemmes et de ces questions le sujet principal marque une différence essentielle. Ces questions ne tournent pas autour de l'identité. Au contraire, elles sont centrées sur la loyauté. Comment pouvons-nous renforcer les liens dont nous avons besoin pour atteindre nos objectifs communs ?

Cela semble facile, mais ce n'est pas le cas. La rhétorique des polarisations nationales entrave les progrès locaux. Par exemple, à Nimègue, une ville de l'est des Pays-Bas, les résidents d'une maison de soins voulaient inviter des demandeurs d'asile à dîner. L'idée était de cuisiner pour eux et de faire connaissance. Ici, la question ouvertement posée était la suivante : « Comment pouvons-nous apprendre à nous connaître ? » Mais c'était une épine dans le pied de l'instigateur. Des membres d'un parti politique d'extrême droite se sont plaints : « Vous ne pouvez pas faire ça ! Qui garantira la sécurité de nos anciens ? » C'est en ces termes que leur rhétorique s'exprime. En fait, l'instigateur de droite opposait l'identité de l'étranger à celle des autochtones. Ce geste bien intentionné visait à créer un espace pour un geste de loyauté, mais dans ce cas, le parti de droite – suivi par les médias – a su se montrer très efficace. Finalement, le projet a été abandonné. La stratégie de polarisation de l'instigateur se concentre sur l'identité, tandis que la contre-stratégie se concentre sur des loyautés destinées à dépolariser.

Chaque incident, chaque conflit comporte deux dimensions : une relation qui peut être déjà endommagée ou qui peut le devenir, et l'enjeu de fond. Celui qui s'investit dans une parole sur l'identité de l'autre menace immédiatement la relation.

Cela peut être fait délibérément ; c'est l'intention de l'instigateur. Cela peut également se faire avec les meilleures intentions du monde, comme dans le cas de la tache aveugle du constructeur de passerelles. Toutefois, celui qui investit dans le bon sujet dépolarise. Il peut rassembler les gens autour d'une question bien choisie, même s'il est souvent très difficile de réduire l'incident ou le problème à une question susceptible d'être débattue. Si cela fonctionne, cela crée de la cohésion. Une approche commune, fondée sur des actes plutôt que sur des mots, peut faire toute la différence, en tout cas certainement à l'échelle du quartier.

Changer de position

Nous savons que les constructeurs de passerelles se placent au-dessus des parties. Les maires jouent souvent ce rôle, qui devient récurrent dans leur travail. Le maire doit être capable à la fois de distancier les parties de leurs intérêts et de les rassembler. Face à la polarisation, cette stratégie échoue parfois. On ne fait pas confiance au constructeur de passerelles, qu'il remplisse ou non un rôle formel. Les instigateurs tolèrent le constructeur de passerelles, mais l'étiquettent comme n'étant « pas l'un des nôtres ». Les tentatives de l'instigateur pour amener le médiateur à adopter sa propre position – et tous les maires reconnaissent la chose – sont parfois transparentes, parfois franchement retorses.

Un simple lapsus peut suffire à révéler la partialité de l'individu. Les instigateurs se tiennent fermement sur une pente glissante, et regardent le maire dévaler cette pente. Avec la polarisation, un maire constructeur de passerelles est souvent pris en otage par des instigateurs. Et tant que ces derniers peuvent camper sur leurs positions et lancer les bonnes petites phrases, ils sont dans la position facile d'avoir suffisamment de visibilité. Accorder une attention excessive aux instigateurs peut s'avérer coûteux. C'est pourquoi changer de sujet, changer de groupe cible et changer sa propre position constitue un choix stratégique vital.

Le débat sur les nuisances potentielles ou réelles d'un camp de gens du voyage ou d'un centre de demandeurs d'asile, par exemple, exige une attitude d'écoute de la part d'un maire, celui qui occupe la place du juste milieu. Il est parfois crucial que le maire adopte une position qui ne soit pas au-dessus des parties, mais exactement au milieu, avec le groupe cible concerné dans le quartier ou la ville, et pas seulement avec des dirigeants autoproclamés ou avec des instigateurs. Connaître le groupe du milieu, l'écouter, en faire partie et lui donner une voix, ce n'est pas la même chose que de construire une passerelle entre les pôles ; il s'agit d'un changement de position radical. Entendre la nuance, savoir recruter parmi les silencieux, changer le sujet du débat, pour passer de l'identité des habitants des caravanes ou des demandeurs d'asile (un autre carburant) à la question de la sécurité dans le quartier ou des moments opportuns pour faire intervenir la police la nuit. En fin de compte, les questions relatives à la coopération entre le quartier, la police et la municipalité sont des questions de loyauté.

Ces trois points de référence – groupe cible, sujet et position – interagissent et sont parfaitement mis en évidence dans le rôle du maire. Mais ils s'appliquent également à l'enseignant dans la classe et au policier dans la rue. Lors de l'incident que j'ai mentionné précédemment, avec Mitch Henriquez, l'homme de couleur qui a connu une fin tragique lors d'une confrontation avec la police, il incombait au maire de La Haye d'intervenir. Peu après l'incident, il a fait une déclaration. Il a affirmé pouvoir se porter garant de l'intégrité de la police, de ses forces de police. Sans le vouloir, il alimentait le débat. C'était également la mission de ce maire de déclarer ses intérêts dans le quartier et au nom du quartier. Il ne pouvait pas être pour ou contre la police, il devait se positionner au milieu, sans jugement ni préjugé. Non pas neutre, en suspens au-dessus des parties, quelque part entre les deux pôles, mais au milieu, avec en ligne de mire les intérêts des silencieux : un quartier traversé par un champ de tension permanent depuis plusieurs années. Les gens veulent être entendus. Ici, la dépolarisation signifie recruter les bonnes personnes, choisir le bon sujet, opter pour la position médiane et écouter. L'expression des opinions pousse les gens vers les pôles, l'écoute les attire vers le milieu, mais pour y parvenir, il faut déjà se situer soi-même au milieu.

J'en ai vécu un bel exemple à Amsterdam. Lorsque PEGIDA (*Patriotische Europäer gegen die Islamisierung des Abendlandes* – Européens patriotes contre l'islamisation de l'Occident, un mouvement politique anti-islam en Allemagne) a annoncé qu'il organisait une manifestation à Amsterdam pour protester contre la politique d'accueil des réfugiés de la municipalité, la polarisation est rapidement apparue. Antifa (le groupe antifasciste) voulait organiser une contre-manifestation le même jour. Au milieu, la police héritait de la mission peu gratifiante de séparer les deux camps. Dans son rôle de neutralité, elle se situe toujours au milieu et se compromet dès qu'elle penche trop vers un pôle ou vers l'autre. C'est une caractéristique professionnelle de la police que d'opérer au milieu. Mais c'est aussi ce qui fait des policiers les premiers candidats au rôle de boucs émissaires. PEGIDA et Antifa étaient l'un et l'autre prêts à taxer le gouvernement néerlandais de partialité, en raison de sa politique tolérante à l'égard des réfugiés, selon le premier, et parce qu'il se montrait trop tolérant à l'égard des racistes, selon le second.

C'est alors qu'Eberhard van der Laan, à l'époque maire d'Amsterdam, a fait preuve d'une belle stratégie de polarisation. Avant la manifestation, il a exprimé clairement son point de vue sur la tolérance à l'égard des manifestants et sa propre position. Je résume ses propos ici : « Nous, les Amstellodamois, considérons le droit de manifester comme un droit presque sacré. La police fait tout son possible pour vous permettre d'exercer votre droit à la liberté d'expression. Nous voulons que cette manifestation se déroule dans un esprit de coopération et nous avons établi certaines règles concernant toute insulte ou toute infraction commise offensante envers des groupes particuliers de la population. » Le maire a parlé depuis le milieu (nous, les Amstellodamois), il a changé de sujet, en s'écartant des « réfugiés » (pour ou contre) afin de poser la bonne question, celle de la liberté d'expression, sans insultes, s'adressant ainsi non seulement aux instigateurs, mais aussi à toute la population d'Amsterdam et à ses forces de police. Il a rebattu les cartes, pour ainsi dire, et modéré le ton. Cela m'amène au dernier point, peut-être le plus épineux.

Changer de ton

On ne peut pas moraliser, si l'on veut dépolariser. Tout le monde a une opinion, tout le monde a ses propres idées sur les réalités, et certaines attitudes ou certains points de vue chez les autres font dresser les cheveux sur la tête. Parfois, cela conduit à des situations de vive hostilité. Par exemple, un élève qui annonce tranquillement en classe que l'un des terroristes des attentats de Paris, Bilal Hadfi, était un héros, pourra mettre l'enseignant en colère. Nous avons tous notre opinion et nous sommes tous affectés. C'est exactement ce à quoi les enseignants sont confrontés aujourd'hui. L'enseignant pourrait changer de rôle et se transformer en constructeur de passerelles, à la recherche d'idées rationnelles, à la recherche d'un terrain d'entente. Où sont les possibilités de médiation ? À moins que l'enseignant ne se laisse tenter par le rôle de l'instigateur afin d'administrer une bonne leçon à l'élève, devenu un adversaire ? À ce stade, l'enseignant a peut-être raison, mais il a peu de chances d'en tirer profit. En revanche, il s'agira probablement d'une victoire significative de la polarisation.

Tel est le champ de tension de nombreux enseignants. La classe évalue soigneusement la position de l'enseignant dans son rôle de constructeur de passerelles. Quelle est la position réelle de l'enseignant ? Dans cette discussion, soutenez-vous Israël ou les Palestiniens ? C'est un piège pour le constructeur de passerelles que de planer en toute indépendance au-dessus des parties, en intégrant la posture d'opposition créée par les instigateurs. En fin de compte, ce sont ces derniers qui définissent les termes de l'affrontement, le sujet et le ton, et en tant que médiateurs, les constructeurs de passerelles se trouvent relégués dans l'espace que leur laissent ces derniers. En même temps, le rôle d'instigateur comporte un grand danger : que nous y ajoutions notre propre rectitude morale, avec beaucoup de verve et de conviction, et que nous finissions entraînés dans un renforcement de la polarisation. Nous nous retrouverons alors à l'un des pôles opposés de la pensée du « nous contre eux ». C'est le cas dès que nous exprimons notre opinion.

Là encore, le ton différent et la voie alternative vers la dépolarisation passent par le milieu. Il faut de la patience pour poser des questions à partir du milieu, pour chercher les bonnes questions. On n'y réussit pas en se replongeant dans une discussion autour de l'identité de Bilal Hadfi : est-il mauvais ou pas ? On y arrive en posant aux élèves une question directe : que peuvent-ils voir d'eux-mêmes en Bilal Hadfi ? Mais attention : il y a une distinction subtile entre poser une question et demander à quelqu'un de rendre des comptes. Et c'est justement là que le ton employé entre en jeu. Le ton employé doit témoigner d'un réel intérêt, en respectant la validité de l'autre. Ce ton doit être doux, ne pas porter de jugement et ne doit pas être non plus d'une importance secondaire. Si subtile que soit la différence entre poser une question sincère et exiger une justification, la personne interrogée la ressentira immédiatement. La personne sincère rend les choses possibles, alors que la personne qui accuse n'aboutit à rien. La nuance n'a de chance d'exister que lorsque nous reconnaissons réellement la position de l'autre. Cela ne peut pas se simuler, mais cela peut se pratiquer. C'est ce que j'appelle un discours médiateur, qui exige un comportement médiateur. Chaque enseignant, chaque policier, chaque maire, et je pourrais citer bien d'autres professions, doit posséder cette compétence.

La tentation est grande d'évoquer notre propre cas. Nous sommes formés à la discussion, à la formulation de positions. La radio, la télévision, les journaux, les médias sociaux offrent autant de plateformes pour nos opinions. La capacité à présenter une opinion forte et à développer une attitude critique semble être l'une des qualités les plus importantes. Nous sommes généralement moins bien formés à poser des questions. C'est pourtant le cœur du métier des philosophes, même s'ils n'en font pas toujours le meilleur usage, en dehors de la pratique intellectuelle universitaire. En effet, le comportement médiateur n'exige pas seulement un maniement des mots, de l'intelligence et des capacités intellectuelles, mais aussi une attitude qui considère qu'une question sincère doit être suivie de conséquences sincères, tout aussi cruciales. Après avoir posé des questions, nous devons toujours être prêts à écouter la réponse. Et là aussi, nous passons souvent à côté. Qui est suffisamment formé et capable d'écouter pour que l'autre se sente vraiment vu et entendu ? Être reconnu ne suppose pas forcément d'obtenir ce que l'on veut. Celui qui essaie d'écouter mais qui est déjà occupé à penser à la bonne relance ou à la bonne réplique s'est trompé de route. Celui qui se sent sur le recul et n'écoute qu'à moitié échoue également. Devenir efficace en matière de discours et de comportement médiateur constitue un facteur critique de succès dans la capacité à dépolariser. Cela devrait être une compétence élémentaire de tout responsable. Pourtant, comme je l'ai déjà dit, il ne s'agit pas d'un tour de passe-passe ; à côté d'un discours médiateur, un comportement médiateur en est une condition nécessaire.

6

Discours et comportement médiateurs

Comment pratiquer un discours et un comportement médiateurs ? Permettez-moi de commencer par un exemple. La police (aux Pays-Bas, en Belgique, en France, dans toute l'Europe) est parfois confrontée à un problème de polarisation interne. L'arrivée d'un grand nombre de réfugiés aux Pays-Bas n'a pas seulement divisé la population néerlandaise entre partisans et opposants, mais les unités de police – reflet du public – ont également des opinions divergentes sur la question. Néanmoins, dès qu'il s'agit de polarisation, il est toujours sage pour la police de rester au milieu et de traiter tout le monde de la même manière, indépendamment de l'ethnie, du sexe et des convictions religieuses… Cela signifie que les équipes de police doivent occuper de concert la position médiane.

Dans le cadre de mon travail, j'ai rencontré un jour une commissaire de police qui avait remarqué que l'arrivée imminente d'un nouveau centre de réfugiés suscitait de plus en plus de mécontentement. Cette commissaire avait remarqué que ce mécontentement s'exprimait dans sa ville, dans la rue, mais aussi à la cantine de son commissariat. Pendant le service, les collègues s'entendaient encore, mais le sujet devenait sensible. Dans son rôle dirigeant, la commissaire avait organisé une réunion pour en parler. Elle avait évoqué son propre malaise face à l'arrivée des réfugiés, face à l'inconnu, à des plaintes concernant des hommes célibataires, à son inquiétude pour sa propre petite fille. Qu'est-ce que tout cela signifie pour moi, pour ma famille, pour ma ville ? C'est ainsi qu'elle a exprimé ses sentiments. Elle s'est ouverte, a montré sa vulnérabilité et invité ses collègues à partager leurs expériences personnelles par rapport aux réfugiés. Le grade ou l'ancienneté ne comptaient pas, l'idée n'était pas de formuler un point de vue, mais de montrer son vrai visage. L'un des membres de l'unité s'est avéré être l'enfant de parents réfugiés, venus aux Pays-Bas pour échapper à la guerre en Yougoslavie. Il avait du mal à accepter les propos très directs d'un membre de l'unité – un collègue – à propos des « opportunistes ». Cela le blessait. En revanche, un autre fonctionnaire en avait assez de tous ces migrants, principalement parce que sa fille était inscrite sur une liste d'attente pour un pavillon depuis trois ans déjà. Il avait déclaré sans détours son profond mécontentement face au projet de construction d'un nouveau centre de réfugiés, le deuxième de la ville. « Ils feraient mieux de demander l'asile en Arabie saoudite. Pas chez nous ! » Et le débat s'est poursuivi sur ce ton.

Quelque chose dans les remarques préliminaires de leur cheffe a permis à ces fonctionnaires de s'écouter les uns les autres. La polarisation ne s'est pas aggravée, les diverses positions initiales ont été nuancées par le groupe. L'esprit d'équipe a commencé à faire son œuvre. Le fils de réfugiés n'est pas resté isolé, pas plus que l'opposant déclaré au centre de réfugiés. Le métier de policier exige que les membres d'une même équipe se comprennent ; leur travail ne peut pas souffrir de discorde. En fin de compte, et c'est très souvent le cas dans cette profession, il faut pouvoir s'appuyer à cent pour cent sur l'autre, se couvrir littéralement les uns les autres. Toutes les positions dans cette discussion ont pu être explorées et identifiées, de sorte qu'ensuite, les policiers sur le terrain ont pu complètement mettre de côté leurs opinions personnelles et se montrer disponibles pour tout le monde, comme l'exige l'article premier de la Constitution néerlandaise.

C'est l'un de mes exemples d'une réussite qui survient par le groupe du milieu. Le chef d'équipe vient occuper une place au milieu de la polarisation et pose une question sincère. Reconnaître les positions des uns et des autres amène chacun à la nuance ; le sujet n'est pas l'identité de l'autre ; il n'y a pas de blâme, pas de question de culpabilité. Ici, la question directe est la suivante : quelle est votre position, qu'est-ce qui vous touche dans cette situation ? Comment cela affecte-t-il votre professionnalisme ?

Maintenant, grâce à une formation adéquate en dépolarisation – et je tiens à souligner ici que tout le monde peut venir assister à l'un de mes cours de formation –, vous pouvez apprendre à poser de telles questions. Dans ce cas, on n'obtient pas un véritable progrès en employant un discours médiateur, en exprimant les choses de la manière juste, en paraphrasant, en résumant et en discutant, mais à travers une attitude fondamentale : le comportement médiateur. Pouvez-vous vraiment mettre votre propre opinion en suspens ? Êtes-vous vraiment capable d'écouter ce que l'autre a à dire, sans travailler sur votre propre analyse, sans vouloir enquêter sur les faits ou sur la vérité comme un détective ? Ma pratique de la médiation des conflits m'a appris que je ne connaissais jamais d'emblée l'ensemble des tenants et aboutissants. Lors d'une médiation entre deux directeurs rivaux, j'ai appris que même à mi-parcours d'un processus de plusieurs mois, je n'avais toujours aucune idée sur le sujet. J'ai finalement découvert que si je partais du principe que mon opinion n'a aucune importance et qu'il n'est pas grave de ne pas savoir de quoi il retourne, mon comportement en tant que médiateur en sortira grandi. Chaque fois, je dois être capable de mettre ma propre opinion de côté, sans renoncer à mon pouvoir de jugement.

C'est en écoutant de manière impartiale, dans un souci de cohésion sociale, que l'on y gagne le plus. C'est une tâche difficile. L'interlocuteur semble parfois capable de déceler le moindre préjugé. Cela entrave immédiatement la discussion, alors qu'un comportement médiateur peut ouvrir la conversation en un clin d'œil. Cette qualité – qui fait parfois des merveilles – est d'une importance primordiale dans l'approche des conflits, et certainement aussi dans celle de la polarisation, même si cela s'avère plus compliqué dans ce dernier cas.

Dans l'exemple de mon équipe de police, nous avons constaté une polarisation – une pensée en noir et blanc –, et c'est également le cas dans l'exemple suivant, tiré d'une situation éducative. Les personnes impliquées n'en étaient pas conscientes au départ. Cela a commencé, classiquement, par un incident, qui a ensuite débouché sur un conflit, aboutissant à un climat tranché de polarisation. L'incident s'est produit dans un centre régional de formation d'une grande ville. Un élève (âgé de seize ans) qui voulait se former au travail avec la jeunesse a décidé à un moment donné qu'en raison de ses convictions religieuses, il ne pouvait plus serrer la main des femmes. Il était très attaché à sa foi. C'est pourquoi il a dû consulter l'enseignante (âgée de soixante-deux ans), qui a réagi vivement. Toute sa vie, elle s'était battue pour les droits des femmes. Elle avait vécu la deuxième vague du féminisme et maintenant, vers la fin de sa carrière, elle était confrontée à un élève dont la posture religieuse était, à ses yeux, très éloignée de la réalité. L'incident n'est pas passé inaperçu, en tout cas pas à l'école. L'élève ne pouvait pas rester dans sa classe, a décidé l'enseignante. La règle de l'école voulait que l'on se serre la main dès qu'on entrait en cours. En ce qui concernait l'enseignante, elle devait en discuter avec le conseil d'administration de l'établissement. Elle voulait recueillir l'avis de ses membres : quelle est notre ligne de conduite en pareil cas ? L'enseignante s'est appuyée sur son identité féministe, en exprimant son opinion sans fard sur l'islam. L'élève a eu recours à son identité islamique ; pour lui, serrer la main d'une femme n'était tout simplement plus acceptable. Invoquant l'honorabilité de ses intentions, il voulait pouvoir professer sa foi librement.

L'incident s'est transformé en conflit. Toutes les méthodes possibles de gestion des conflits furent alors appliquées. Discussion, dialogue, recherche de solutions, médiation avec un imam, un collègue respecté est venu en entretien avec l'enseignant, les parents se sont impliqués et ont demandé que l'attitude fanatisée de leur fils soit traitée avec plus d'aménité. Cela passerait avec l'âge, espéraient-ils. L'impasse n'a pu être résolue et l'élève a finalement dû être renvoyé de l'école. C'était une position irrévocable. La commission scolaire avait défini la norme et s'était ainsi débarrassée de l'élément perturbateur. Ce n'était pas la solution la plus élégante, mais le conflit était désormais considéré comme clos. Si l'on se réfère au modèle de l'iceberg (voir plus haut, les *figures 11 et 12*), on constate que, jusqu'à présent, nous n'avions travaillé et dialogué qu'avec les protagonistes directement concernés. La phase d'escalade, la phase de maintien et la phase de médiation se sont conclues par un succès modéré. Le conflit a été géré. Ce qui manquait, c'était un regard sur la polarisation.

Au sein de deux populations distinctes de l'école, une grave polarisation s'était produite. Pendant ce temps, le public, le milieu, était à l'écoute. L'une de ces deux populations se composait de la base d'élèves du centre, aux origines pluriethniques. Certains de ces élèves sont musulmans et se sont formés leur opinion au cours de la phase d'entretien. Après cela, la polarisation s'est calmée. Il n'y a pas eu d'autres développements ni d'annonces « d'en haut ». Cela ne signifie pas pour autant que la polarisation se soit éteinte. Le manque d'informations a donné lieu à des spéculations, voire à la création d'audacieuses théories du complot. Certains enseignants auraient été vus à des réunions d'un parti politique d'extrême droite, selon la rumeur. Un certain nombre d'élèves ont voulu suivre l'exemple du premier, qualifié de courageux. Le catalyseur, le carburant se diffusait sans entrave, les points de vue se durcissant en l'espace d'une semaine. Le conseil d'administration de l'école est resté silencieux.

Pendant ce temps, une autre population s'apprêtait à réagir à sa manière. Le corps enseignant s'est scindé entre opposants et partisans. Une partie du personnel estimait que l'islam exerçait déjà trop d'emprise sur la culture néerlandaise. La seule façon d'avancer serait de définir les frontières, de fixer des limites. Ils déclarèrent : « Nous ne pouvons pas accepter de régression par rapport aux progrès réalisés dans le domaine de l'égalité de traitement. Nous devons admettre que nous sommes sur une pente glissante. » À l'inverse, d'autres estimaient que l'islam ne devait pas être si mauvais que cela. En exigeant que les musulmans s'adaptent, en ne laissant pas la foi de ce garçon tranquille et en continuant à chercher une médiation, nous ne ferions que creuser le fossé. Si le garçon se comportait simplement avec respect, refusait de serrer la main à l'enseignante, mais s'inclinait ou faisait un bref signe de tête en franchissant la porte de la classe, pourquoi faire tant d'histoires ? « Vous êtes tous tellement xénophobes et islamophobes », lança l'un des premiers partisans de cette position.

L'une des caractéristiques de la polarisation, c'est qu'elle oppose les identités les unes aux autres, et c'est ce que font ici les partisans et les opposants. L'identité occidentale contre l'identité islamique. Le conseil d'administration de l'école avait examiné la situation. Il avait géré les conflits, mais n'avait pas abordé la question de la polarisation.

Pour agir de manière crédible en pareil cas, il faut un discours et un comportement médiateurs. Mais dans un climat de polarisation, il serait trop tard. La crédibilité doit se construire en temps de paix, lors de la phase de prévention, et non une fois que la guerre a commencé, une fois dans la phase de maintien. En ce cas, la dépolarisation signifie qu'en plus de s'occuper des acteurs du conflit, il faut s'attaquer à cette polarisation, et une fois encore par le biais du milieu. En fait, une double tâche attendait le conseil. Il fallait définir avec prudence la polarisation entre les élèves et le personnel. Il ne fallait pas tant manifester du respect envers les instigateurs qu'envers les acteurs du milieu. Le sujet ne devait pas être l'islam ou l'identité néerlandaise, mais la question de savoir comment trouver un code de conduite mutuelle qui convienne à l'école. Qu'est-ce qui affecte l'élève, qu'est-ce qui affecte l'enseignant ? Qui est prêt à se déclarer propriétaire d'un problème dans la polarisation ? À quelle nuance pouvons-nous recourir pour trouver le ton juste qui rende le dialogue possible ?

Ici aussi, la stratégie de recrutement est cruciale. Qui a envie de s'exprimer, qui écrira quelque chose de constructif pour le journal hebdomadaire de l'école ? Le conseil d'administration peut-il abandonner son rôle de constructeur de passerelles et aller se placer au milieu, pour poser des questions et écouter ? Il arrive que les personnes occupant des postes de direction négligent cet aspect et n'osent souvent pas s'engager en ce sens, parce qu'elles craignent que la situation ne s'aggrave. C'est aussi certainement le cas s'il ne s'agit que d'une occasion de générer du carburant. L'escalade des émotions est alors inévitable. Ce ne sera pas le cas si quelqu'un trouve la bonne question, quelqu'un qui est capable de se tenir au milieu et de continuer à écouter, même lorsqu'une tempête de colère et de frustration se déchaîne sur lui. Cela demande de la confiance, de l'assurance, plus que de la persévérance. Je connais des personnes qui s'obstinent à rester au milieu, qui s'en tiennent à leurs positions avec une grande ténacité. Pourtant, ce n'est pas une garantie de succès. Seule la confiance offre une telle garantie. Se placer au milieu et se laisser toucher par ce qui est exprimé, montrer que l'on comprend, est d'une importance vitale. Dans cette position, il est possible non seulement d'écouter, mais aussi de fixer des normes. Il n'est pas nécessaire de débattre de chaque principe. Les normes de l'école peuvent être mentionnées, mais jamais sans que se mène également une discussion.

*

Ne vous contentez pas de suivre aveuglément le cadre proposé par les instigateurs. La polarisation oppose deux identités, mais que se passe-t-il réellement ? En posant les bonnes questions, nous creusons les couches les plus profondes de la société. J'en ai eu un exemple frappant dans un quartier résidentiel, une esplanade animée entourée de nouvelles tours d'habitation. Deux camps s'opposaient. L'un de ces deux camps en avait assez du bruit provoqué par une bande de jeunes qui traînaient sur l'esplanade et tiraient au ballon contre les panneaux publicitaires entourant un mini-terrain de football. Cette bande ne posait pas vraiment de problème à l'autre camp. Lors des chaudes soirées d'été, ces résidents organisaient des barbecues sur l'esplanade et demandaient de temps à autre à la bande de jeunes de faire un peu moins de bruit. Cela a duré un certain temps, jusqu'à ce qu'une autre bande de jeunes d'un autre quartier se joigne à eux.

Les nuisances sonores se sont alors aggravées. Il s'en est rapidement suivi une escalade lorsque quelqu'un a signalé un vol à la police. Les forces de l'ordre sont arrivées en nombre. Les médias ont rapporté l'incident et l'ont rapidement qualifié de polarisation entre musulmans et non-musulmans. La bande locale aurait été soutenue par les parents, qui habitaient autour de l'esplanade. Mais les habitants du quartier, des Blancs pour la plupart, étaient furieux. « Nous ne sommes pas venus ici pour avoir l'impression de vivre dans un pays étranger », a déclaré un instigateur représentatif de ce camp.

C'était là l'une des prises de positions les plus modérées reprises dans les médias. Un constructeur de passerelles s'est présenté, un ecclésiastique du quartier qui pensait que le dialogue réussirait à calmer les choses, l'église chrétienne fournissant le lieu et l'occasion de discuter de la question. Toutefois, cette initiative n'a pas atténué la dynamique instinctive ; au contraire, elle l'a encore plus alimentée.

En fin de compte, le cadre du « nous contre eux » n'était pas adéquat. Une enquête, menée à partir du groupe du milieu, a révélé une faille structurelle qui remontait à quelques années. Dans ce quartier nouvellement aménagé, les propriétaires de logements individuels avaient signé pour des maisons présentées dans les dépliants publicitaires comme devant s'ordonner autour d'une place agrémentée de végétation. Les dessins de l'architecte et des urbanistes montraient un espace de verdure idyllique, ponctué de grands tilleuls, avec de petites silhouettes de jeunes mamans se promenant avec des landaus. En réalité, cette scène charmante avait volé en éclats avec l'arrivée du mini-terrain de football. L'imagerie idéale s'était effondrée et la valeur de ces nouvelles maisons avait chuté en conséquence. Les identités sous-jacentes qui sont à l'œuvre ici, au-delà de la controverse entre musulmans et non-musulmans, sont celles des « propriétaires » et des « locataires ». Les locataires, qui paient un loyer pour leur logement, étaient moins aisés que les propriétaires et avaient d'autres intérêts. Souvent musulmans, ils entretenaient un lien différent avec l'esplanade que les propriétaires, qui s'étaient retrouvés dans un endroit très différent de celui qu'ils avaient imaginé. C'était ce qu'ils ressentaient. Il est d'une importance vitale de cerner la question qui anime les gens, ce qui les affecte, leur véritable problème et, si possible, leur interrogation commune.

Les instigateurs capitalisent sur chaque incident qui leur donne l'occasion de discréditer l'identité du pôle opposé. La base du comportement médiateur, c'est que nous avons le pouvoir de rester au milieu et, à partir de là, de poser des questions, d'enquêter, sans tirer de conclusions ni connaître tous les tenants et aboutissants. Cette étape n'est appropriée que lorsque les parties ont reconnu la propriété de leur problème et ont suffisamment révélé ce qui leur tient à cœur dans cette affaire.

*

Résumons-nous. Chaque situation exige un traitement spécifique. Pour nous permettre de déterminer une stratégie avec une grande sensibilité dans des circonstances très diverses, j'ai rempli notre boîte à outils de dépolarisation avec des idées, en ajoutant ici et là des check-lists pratiques (cinq rôles, quatre facteurs de changement, sept phases de conflit, etc.). En fin de compte, notre personnalité demeure l'instrument principal. Tout policier qui a patrouillé dans la rue sait qu'il doit se montrer à la hauteur, à cent pour cent, lorsque la situation devient tendue. Dès l'école de police, les policiers suivent une formation continue afin de rester au contact. En fin de compte, lorsque les maires savent que tous les regards sont braqués sur eux, il arrive que seule leur contribution personnelle, authentique, approfondie, rende une issue (politique) possible. Qu'ils travaillent au niveau de l'enseignement primaire, secondaire ou supérieur, les enseignants savent qu'à tout moment leurs élèves peuvent les pousser aux limites de leurs capacités. Il faut alors relever le défi, en puisant dans toute sa personnalité. À cet égard, je ne vois guère de différence entre l'enseignant et le maire. Ce qui compte, c'est ce que vous êtes. La classe ou la ville a besoin d'un dirigeant qui écoute vraiment, mais qui possède aussi quelque chose d'autre : un caractère personnel crédible. Cela vaut aussi bien pour le prêtre, le pasteur ou l'imam que pour le professionnel de santé, le chef de projet ou le président de région. Le dénominateur commun de toutes ces personnes, ce sur quoi vous devez pouvoir vous appuyer dans les situations tendues, reste la capacité d'employer un discours et un comportement médiateurs. Dans chacune de ces professions, c'est un facteur de réussite décisif et essentiel.

Vous devez en outre posséder quelque chose d'autre. Dans la polarisation – la pensée en noir et blanc –, les gens révèlent souvent leur côté le plus mesquin, et souvent aussi leur plus vilaine facette. Parfois, cela devient carrément puéril. Souvent, cela renvoie à des faits qui se sont produits des années auparavant ou dont le motif a été oublié depuis longtemps, mais la querelle de famille se perpétue, quel qu'en soit le coût. Parfois, les gens investissent dans une polarisation destructrice et y construisent leur identité (c'est le cas des militants écologistes passionnés et des tensions entre les agriculteurs et les soi-disant protecteurs de la nature). Ils s'y prêtent si souvent qu'ils ne peuvent plus se passer de leur image de l'ennemi. La polarisation est alors devenue un élément immuable de leur identité personnelle. En philosophie, on appelle cela « l'autre constitutif », autrement dit : « l'autre étaye ma propre identité et, avec le temps, peut devenir essentiel pour elle ».

Le fait de chérir les images de l'ennemi rend votre pensée rigide et inflexible. Cela vous empêche de vous montrer sous votre meilleur jour. L'émission de télé-réalité néerlandaise « Le Dîner de famille » (*Het Familiediner*) expose de vieilles querelles de famille devant les caméras, en faisant ressortir les aspects les moins attrayants. Avec cet exemple, je veux surtout mettre l'accent sur l'étroitesse d'esprit que comporte la polarisation, mais, pour être clair, je ne veux pas banaliser le problème qu'elle représente. La gravité de cette stupidité ou de cet entêtement, deux autres mots pour désigner l'étroitesse d'esprit, a été suffisamment mise en évidence par l'histoire elle-même, surtout lorsque ces traits sont combinés à la force aveugle de la foule. On sait que des foules bornées sont puissantes et dangereuses, et qu'elles peuvent rapidement devenir violentes.

L'antidote réside dans la vision. C'est ce que nous devrions attendre de ceux qui s'opposent à la foule : de « vrais » dirigeants. Pour la polarisation, un très bon discours médiateur est accessible, mais il doit être assorti d'une vision, imprégné de valeurs. Selon ma définition, la vision désigne « le pouvoir de créer une nouvelle réalité grâce à la force de l'imagination ». C'est le pouvoir de confronter les gens à la réalité et de les sortir de leur étroitesse d'esprit avec des mots et des valeurs. Ce n'est pas une mince affaire. Nelson Mandela y est parvenu, en faisant passer toute une nation du stade de la vengeance à celui de la réconciliation. J'invoque ici Mandela comme un simple exemple de perfection, sans vouloir louer ou vilipender d'autres hommes politiques, afin d'éviter de me situer à la gauche ou à la droite de l'échiquier politique. Les lecteurs peuvent vérifier par eux-mêmes dans quelle mesure nos dirigeants nous ont, ou non, apporté une vision ces dernières années. En cas de polarisation, les dirigeants doivent apporter une vision nourrie d'imagination.

Les dirigeants qui veulent construire des passerelles peuvent mieux utiliser leur temps et leur capital en se plaçant au milieu, en écoutant et en étant conscients de toutes les approches possibles. Ils peuvent alors proposer une vision sous la forme d'un récit qui relie les gens et apaise les situations, qui n'imite pas le langage brutal de l'instigateur, mais qui semble modéré. Les quatre éléments qui changent la donne sont de loin la meilleure ligne directrice de cette trame narrative. Il est faux de croire que nous ne voulons rien entendre d'autre que des discours combatifs des dirigeants du monde, de nos ministres, de nos maires. Cela peut satisfaire brièvement notre instinct, les colonnes des journaux en sont pleines, mais cela ne nous met plus à l'aise. Il est faux de croire que nous voulons entendre que nous sommes en guerre contre ceci ou cela. Les paroles fortes sont l'échappatoire des impuissants, mais elles ne font que nous enfoncer davantage dans la polarisation. Nous voyons des dirigeants politiques tomber dans ce piège partout dans le monde. On confond souvent la vision avec la dureté des débordements langagiers.

La vision augmentée d'imagination nous élève. Elle est subtile, elle ne nous dit pas ce que nous voulons entendre, mais révèle le langage et l'attitude qui permettent de sortir de la polarisation. La vision nous donne un horizon, elle nous donne de l'espace. Elle exige beaucoup. J'ai vu de près des personnes faire preuve de vision, par exemple des gestionnaires de services de santé, certains auteurs, plusieurs commissaires de police, certains conférenciers, et je crois parfois l'entrevoir de loin chez quelques dirigeants et hommes politiques mondiaux. C'est donc possible, pour peu que nous développions un discours et un comportement médiateurs. Plus nous l'exigerons de nos dirigeants, plus nous réussirons à influencer de gens. Plus nous atteindrons de personnes par ce biais, plus nous pourrons dépolariser. L'imagination rend la pensée flexible.

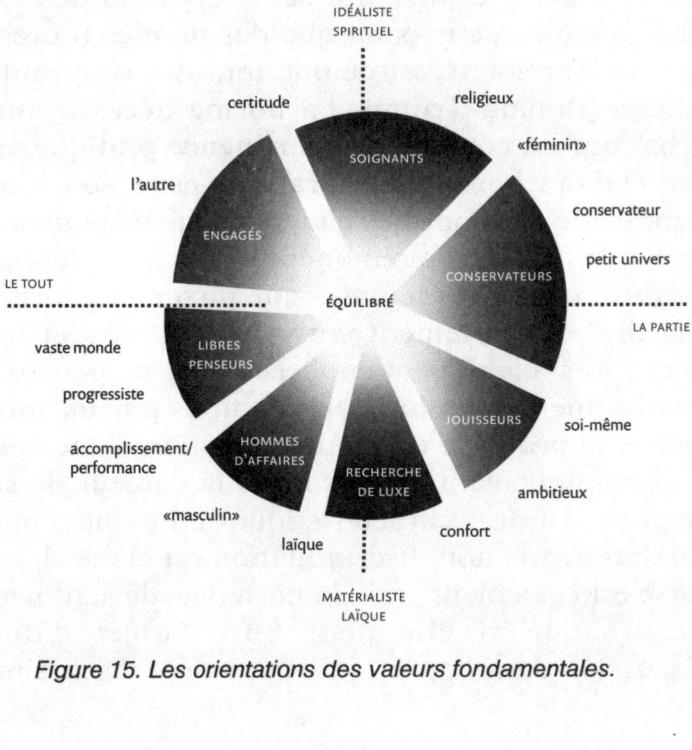

Figure 15. Les orientations des valeurs fondamentales.

Un certain type de dirigeant considère que faire appel à l'imagination et prendre la position du milieu est trop laxiste, comme si parler au milieu et à partir du milieu excluait toute possibilité de simplement imposer des exigences et de fixer des normes professionnelles ou sociales. Ce n'est pas le cas. En Europe, l'égalité entre les hommes et les femmes est la norme. La non-discrimination est la norme pour la police, et la transparence et la liberté de la presse sont la norme en politique et dans la rue. Fixer des normes est d'une importance capitale à long terme, mais si cela se fait sans rendre la discussion possible, ce ne sont que des paroles (dures) privées d'action. C'est ce que font des dirigeants comme Donald Trump. La norme nécessite un débat qui lui confère une pertinence pratique, et son élaboration dans la pratique est à son tour impossible sans normes claires. Nous ne pouvons parler de l'égalité de rémunération et du « plafond de verre » pour les femmes que lorsque la norme d'égalité de traitement entre les hommes et les femmes est clairement énoncée. Nous ne pouvons mener une discussion sensée sur l'épineux problème du profilage ethnique (détention d'une personne uniquement en raison de la couleur de sa peau ou d'autres caractéristiques ethniques) que si la norme de non-discrimination est claire. L'inverse est également vrai : la norme ne devient pertinente que si elle peut faire l'objet d'une discussion dans la pratique. Sans cette discussion professionnelle, elle reste une coquille vide. Cela convient à un discours ou à une intervention à la télévision, mais cela n'a qu'une valeur pratique très limitée.

7

Urgence, urgence, urgence

Ces dernières années, le cadre de pensée que j'ai décrit en détail dans ce livre a pris tout son sens. Il y a déjà urgence à trouver des solutions à la polarisation dans de nombreux domaines sociaux, en particulier dans ceux de la lutte contre le terrorisme, de la sécurité et de la radicalisation. Je m'attends à ce que cette urgence ne fasse que s'accroître dans les années à venir, de manière presque inévitable. À cet égard, le rôle du journalisme est déterminant. C'est pourquoi je conclurai en abordant les deux aspects suivants. Combiner le phénomène de la radicalisation et de la polarisation peut-il nous éclairer ? Et le modèle de la polarisation recèle-t-il un énorme potentiel permettant de façonner un « nouveau journalisme » ?

Le cercle de la radicalisation

La polarisation est un fait indéniable, un phénomène que nous ne pouvons pas écarter d'un revers de la main. Mais rien ne nous empêche non plus de l'évaluer sur un mode positif – ce que je n'ai peut-être pas assez fait jusqu'à présent. Les frictions, exprimées en oppositions rigoureuses, peuvent être un moteur essentiel du changement et du renouveau. Une dose civilisée de polarisation permet certainement de remettre en question l'ordre établi afin d'explorer de nouvelles voies. Ce qui est connu et familier doit être remis en question, afin de rendre le progrès possible. La polarisation, tout comme le conflit, fait partie du développement humain.

Mais qu'est-ce qu'une « dose civilisée » de polarisation et quand se transforme-t-elle en cette dynamique sociale dangereuse qui divise les groupes et menace la coopération, voire la société ? J'ai trouvé la réponse à cette question dans mes échanges avec le professeur Klaas van Egmond, auteur d'un excellent ouvrage[1] qui montre comment nos visions du monde et nos valeurs entrent en rivalité et en opposition. Je vais présenter ici une sélection de ses idées. Il met en évidence le moment où la radicalisation s'immisce dans notre pensée : quand cette dernière perd sa flexibilité et

---

1. *Een vorm van beschaving*, Zeist, Uitgeverij Christofoor, 2010.

se durcit, en devenant si rigide qu'elle conduit parfois à l'extrémisme.

Nous pouvons distinguer dans la vision du monde des gens un certain nombre d'orientations de valeurs fondamentales. Ces orientations disent quelque chose de notre identité ; elles sont constitutives. En nous reliant à nos valeurs, nous exprimons ce que nous voulons être et nous rendons les autres conscients de ce que nous sommes. Bien entendu, il n'en va pas de même pour chaque individu – nous sommes tous différents – mais, d'une manière générale, nous pouvons tout de même relever un certain nombre de caractéristiques principales. Nous pouvons classer les visions du monde par catégories. Par exemple, nous définissons toujours notre position en termes contradictoires lorsque nous considérons le je/individu par rapport au nous/collectif (partie/tout). Dans le domaine de la tension, nous penchons plus ou moins vers l'un ou l'autre côté. Dans la contradiction des valeurs matérielles et immatérielles (donner/recevoir), nous tendons également vers l'un ou l'autre pôle. Dans tout ce que nous sommes et dans tout ce que nous faisons, dans nos goûts et nos dégoûts, nous agissons sur ces champs de tension. Le bureau d'études de marché NIPO a mené des enquêtes approfondies pour cartographier ces champs de tension. Van Egmond a traduit les résultats de NIPO en quatre quadrants. En général, c'est ainsi que nous arrivons à une catégorisation globale des orientations de valeurs.

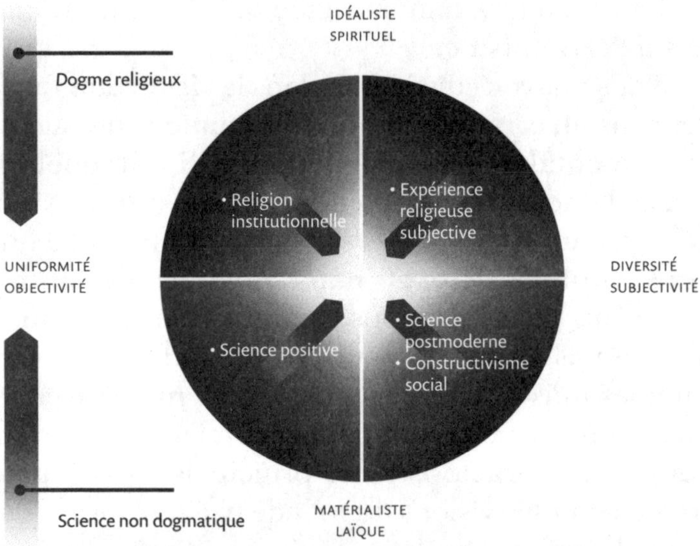

Figure 16. Prétentions à la vérité et affrontement des visions du monde.

La *figure 16* nous donne un aperçu d'un certain nombre de contradictions. Nous pouvons également étendre ces catégories à des visions du monde polarisantes. Le scientifique, en se concentrant sur les faits, les statistiques, la discussion rationnelle et les connaissances transférables, peut rencontrer quelqu'un qui a une vision du monde opposée, qui embrasse le spirituel et l'intangible. Cette vision du monde pourrait croire en la validité d'une autre forme de connaissance qui survient sans certitude entière, mais qui est toujours présentée de manière dogmatique. Il y a conflit. Les orientations de valeurs et les truismes sont des extensions les uns des autres. Cela signifie qu'un chrétien traditionnellement fidèle peut rencontrer quelqu'un dans le quadrant opposé qui ne trace pas de frontière entre le bien et le mal (éthique) d'un point de vue religieux, mais les considère comme une construction, valable dans un cadre éthique, mais partiellement ou complètement invalide dans un autre.

Le bien et le mal sont alors relatifs. Cette situation est incompréhensible pour de nombreux chercheurs de vérité qui se sentent à l'aise dans l'une des religions monothéistes. En outre, entre les quadrants 1 et 3, religion contre science, se joue un autre conflit, où les certitudes religieuses uniformes s'opposent aux certitudes scientifiques uniformes. Ici, le dogme de la science et le dogme de la religion s'affrontent de manière inexpiable. « Vous êtes soit pour nous, soit contre nous. » Aux yeux de beaucoup, il n'y a pas de juste milieu. Pour certains, un scientifique religieux représente une contradiction. Si vous appartenez à l'ordre des scientifiques, vous ne pouvez pas fréquenter la mosquée ou l'église.

Le fait d'occuper une place dans l'un de ces quadrants revêt aussi une dimension de ce que j'appelle la ligne de visibilité dans mon modèle de polarisation. Plus nous nous éloignons du centre, plus nous gagnons en visibilité dans les traits qui nous semblent importants pour décrire notre identité, et – j'appelle cela une tentation – plus nous gagnons en certitude. C'est une tentation surtout pour les jeunes. Les tons gris du milieu n'offrent souvent pas la clarté dont ceux-ci ont besoin. Cependant, en s'éloignant de ce milieu, on réduit les chances, et parfois aussi la volonté, d'entamer une discussion sur nos orientations de valeurs. Généralement, les personnes situées dans les régions les plus éloignées sont heureuses de confirmer la validité de leur vision du monde au sein de leur cercle, de sorte que l'invalidité des autres visions du monde semble presque devenir une condition existentielle. Ils ne peuvent tout simplement pas tolérer le juste milieu. Pour certains, le milieu barre la route à trop de certitudes.

Le dialogue se situe au milieu, le débat – lorsque nous écoutons et nous parlons de manière rationnelle – se situant sur la ligne qui mène vers l'extérieur. Sur la même ligne, on trouve la discussion (échange de points de vue) et enfin le monologue, qui commence quelque part à la limite du cercle de la radicalisation. Plus loin encore, tout se tait. Un silence dangereux règne. Ce cercle extérieur offre des signaux de radicalisation et révèle même le point d'inflexion de la radicalisation : le moment où nous renonçons à notre loyauté envers la vision du monde qui nous domine.

Toute vision du monde peut se radicaliser si elle abandonne la connexion avec les trois autres quadrants. La pensée devient une caricature d'elle-même. Schématiquement, la zone située à l'extérieur du cercle est le domaine des personnes radicalisées. Le cercle lui-même constitue le point d'inflexion. La vision du monde, la conviction ou la religion ne sont pas le problème – le problème, c'est la caricature. Et l'unilatéralité. À chaque problème s'oppose un autre problème. Nous pouvons également mentionner l'unilatéralité des quatre quadrants : cette unilatéralité mène parfois au fascisme, aux excès du capitalisme ou de l'économisme, au djihadisme. Pour plus d'explications et d'exemples, consultez le livre de Klaas van Egmond, qui développe très bien tout cela. Je me contenterai ici de donner un bref aperçu de ce phénomène et de son impact sur la polarisation et la radicalisation.

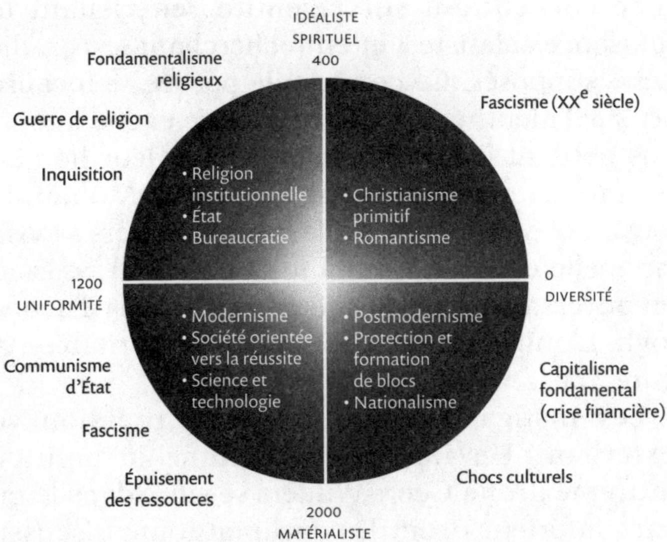

Figure 17. L'unilatéralisme, c'est le mal.

La radicalisation n'est pas tant une question d'identité que de loyauté. La question de savoir si nous parvenons à nous connecter aux autres quadrants est importante. Quelles sont les loyautés que nous pouvons observer ? Dans quelle mesure sommes-nous unilatéraux ? Il s'agit d'un tournant crucial. À Molenbeek, le quartier en difficulté de Bruxelles où un certain nombre de jeunes radicalisés ont grandi, j'ai partagé mes analyses avec des fonctionnaires de police et des éducateurs. Voici notre conclusion commune : au cours des vingt dernières années, les loyautés sous-jacentes s'étaient fortement vidées de leur substance. Cela signifie qu'il n'est pas toujours possible de trouver des jeunes radicalisés en se concentrant sur l'identité : en visitant une « mosquée salafiste » et en recherchant les « radicalisés » supposés. Ce courant de pensée se focalise à tort sur l'identité. Le vrai danger se cache là où les gens perdent leur réseau de loyauté, leur lien avec les autres quadrants. Par exemple, Mohammed Bouyeri n'avait qu'une seule loyauté, envers sa vision criminelle de la foi, ce qui lui a permis d'assassiner son adversaire, le réalisateur néerlandais Theo van Gogh. L'unilatéralisme, tel est le mal véritable (voir *figure 17*).

Les instigateurs renforcent la pression vers l'extérieur. Un instigateur comme le politicien d'extrême droite Geert Wilders se situe dans le quadrant inférieur droit. En excluant toute discussion avec ses concitoyens musulmans, il se place en dehors du cercle de la radicalisation. Il s'attaque à une identité. La perte de contact avec les autres orientations de valeurs marque le point de radicalisation. Son adversaire, l'islam, occupe le quadrant supérieur gauche. Les musulmans qui peuvent dialoguer avec les trois autres orientations de valeurs restent à l'intérieur du cercle. Les musulmans qui n'y parviennent pas, qui cèdent à un mal appelé unilatéralisme, occupent les zones radicales, tout comme leur adversaire Geert Wilders. En effet, selon Klaas van Egmond, le *Zeitgeist* – l'esprit ou l'humeur qui définit une période particulière de l'histoire – est avec les populistes comme Wilders. Dans les sociétés à travers l'histoire, nous pouvons toujours attribuer une certaine domination à un quadrant. Jusque récemment, nous nous trouvions dans le quadrant inférieur gauche, mais aujourd'hui, le « projet incertain » conduit à une domination du quadrant inférieur droit. La résistance à cette évolution est surtout le fait du quadrant supérieur gauche, qui avait perdu sa position dominante bien plus tôt. Cela amène Van Egmond à parler d'une identité de résistance, d'une identité de légitimation et d'une identité de projet. Chacune d'entre elles présente des caractéristiques particulières.

Les champs de tension entre les extrêmes exigent parfois une dépolarisation. Ensuite, pour un leader, un stratège de la polarisation ou un médiateur, il devient alors vital de nourrir les bonnes attentes, car dans la dépolarisation, qu'est-ce qui marque le pas en avant ? Qu'est-ce qui est possible, que peut-on espérer ? Comment progresser ? Là encore, la loyauté reste le maître mot.

C'est au cours d'une session de formation pour une organisation de développement néerlandaise que j'ai été confronté à cette question pointue : « Comment progresser dans une impasse ou un champ de tension ? » Cette organisation laïque se consacrait aux droits humains et entretenait une collaboration intensive avec une organisation indonésienne qui faisait progresser la formation et l'éducation sur l'île de Java. Comme dans presque toutes les organisations indonésiennes, l'interlocuteur avait des antécédents islamiques. Au fil des ans, les Indonésiens ont constitué une équipe spéciale de formateurs/enseignants qui ont fourni un travail d'une qualité exceptionnelle. L'organisation de développement a parrainé cette collaboration ; le bénéficiaire a organisé la distribution des dons. Ce fait est important.

Ensuite, une polarisation particulière est venue perturber la situation. L'un des formateurs locaux s'est avéré être bisexuel. Inévitablement, pour l'organisation indonésienne, c'était une raison suffisante pour le renvoyer immédiatement. Ce groupe était et continue d'être islamique, et donc institutionnellement enraciné dans le quadrant supérieur gauche. La direction indonésienne a estimé qu'elle n'avait qu'un seul choix possible : une décision pratique en accord avec ce qu'elle prêchait. L'organisation néerlandaise, qui s'était depuis longtemps forgée une opinion tolérante sur les droits LGBT, s'est opposée à ce choix. Il était hors de question, ici, de violer les droits humains. Pour les Néerlandais, il n'y avait qu'une seule solution : défendre les droits humains. Les donateurs néerlandais se sont donc adressés à leurs homologues indonésiens, les bénéficiaires : revenez sur votre décision ou nous mettrons fin à notre collaboration qui, ne vous y trompez pas, nous a déjà coûté beaucoup d'argent et quatre longues années de travail intensif qui commencent à peine à porter leurs fruits.

Le champ de tension était également perceptible aux Pays-Bas. Au sein de l'organisation de développement, les instigateurs étaient convaincus qu'une méthode simple serait la meilleure. D'autres se creusaient les méninges pour trouver des alternatives. Qu'est-ce qui pourrait bien fonctionner en pareille situation ? La polarisation est une pensée en noir et blanc. Avec le modèle de Klaas van Egmond, une autre définition du progrès se dessine. La voie à suivre n'est pas alors de forcer ou de convaincre l'adversaire. Faire progresser l'adversaire vers le milieu constitue un progrès, et dans ce processus, les lignes de loyauté réclament une attention continuelle. C'est ainsi que nous évitons d'attirer l'autre dans notre propre domaine, dans notre façon de penser ou dans notre propre quadrant, et nous ne le convainquons certainement pas de notre légitimité. Mais dans ce cas-ci, qui aurait pu s'attendre à ce que cela se produise ? En adoptant une autre vision du « progrès », nous apprenons toute la valeur des petits pas. Dans la polarisation, la capitulation totale de l'adversaire semble être le seul moyen de l'emporter. Du point de vue de l'instigateur, c'est en fait le seul résultat acceptable.

Faciliter le progrès permet de mettre en œuvre un mouvement à l'intérieur du cercle de radicalisation, de préférence vers le milieu, mais cela ne représente parfois qu'un pas de côté. Ce n'est pas toujours le pas que les interlocuteurs espèrent, mais c'est au moins un premier pas. Construire la nuance signifie être capable de se déplacer à l'intérieur du cercle de Van Egmond. En d'autres termes, c'est aussi un progrès si nous restons dans la position médiane, si nous parvenons à nous tolérer les uns les autres, en fin de compte. Il va de soi qu'un opposant radicalisé n'est pas prêt à aller dans cette direction. Il manque de loyauté. Il se situe en dehors du cercle. Pourtant, à l'intérieur du cercle, investir dans l'autre en vaut la peine. C'est de la prévention, cela peut empêcher la radicalisation.

Si nous facilitons convenablement ce type de discussion, nous pouvons rester en contact sans sacrifier nos propres principes. Dans l'exemple que j'examine ici, les principes ont constitué le sujet explicite de la discussion, à maintes reprises. La discussion sur l'homosexualité n'a pas été résolue, l'enseignant n'a pas été réintégré, mais un dialogue s'est ouvert sur les certitudes inhérentes à la croyance, avec davantage d'espace pour une interprétation individuelle, plus libre, de la foi (un mouvement vers le quadrant supérieur droit). Le partenaire indonésien a été invité à se déplacer un peu vers le quadrant supérieur droit, mais il n'est pas sorti du cercle. Du point de vue du partenaire néerlandais, vous pouvez considérer cela comme un progrès, même si c'est loin de la situation idéale à laquelle les Néerlandais aspiraient. Une situation qu'ils n'auraient de toute façon jamais obtenue en mettant radicalement fin à la collaboration.

La dépolarisation exige une patience extrême. Les petits pas restent des pas, même si nous préférerions progresser chaussés d'une paire de bottes de sept lieues. En Irlande du Nord, dans ce contexte, on a adopté le terme « résilience ». L'Irlande du Nord a connu trente ans de hauts et de bas – les « troubles ». Si la médiation des conflits requiert un trait de caractère, c'est bien la patience. Et c'est d'autant plus vrai dans la pratique indisciplinée de la polarisation. Davantage d'acteurs sont impliqués, et donc davantage de dynamiques sont à l'œuvre. Parfois, nous pouvons isoler un conflit, le cloisonner, mais dans le cas d'une polarisation, le monde entier met la main à la pâte. Cela exige d'avoir la capacité de mettre patiemment entre parenthèses ses propres orientations de valeur (temporairement), et souvent de modérer les attentes de résultats immédiats. Ici aussi, le modèle de Klaas van Egmond est utile. Il nous invite à rester au milieu.

Une société stable respecte chaque orientation de valeur ; chacune d'elle forme une partie nécessaire de l'ensemble. Aucun des quadrants n'apporte à lui seul une contribution suffisante. C'est l'unilatéralisme qui pose problème. Je suis maintenant convaincu qu'il serait impossible à un individu de se tenir dans ce milieu idéal et « d'intégrer » chacun des quadrants. Il ne nous appartient pas de réaliser seuls ce miracle. Il serait même tout à fait mal venu de déclarer ainsi superflues les contributions des autres. Nous pouvons en effet nous rapprocher du milieu, de temps en temps, pour servir de médiateur et reconnaître ainsi les valeurs que les gens apportent à partir de leurs différentes visions du monde. La polarisation exige une stratégie qui prenne la peine de rechercher le milieu et, à partir de là, d'écouter sincèrement et de découvrir les valeurs cruciales pour les protagonistes du récit. Une personne laïque pense différemment d'une personne croyante. Chez les scientifiques rigides et laïques, le pouvoir de l'imagination s'étiole, tandis qu'une surdose de spiritualité rend impossible le partage des idées. Chacun a besoin de l'autre. L'exagération se révèle un facteur nuisible. Comme le dit le proverbe, c'est la dose qui fait le poison.

J'ai décrit une mentalité essentielle à une nouvelle approche de la polarisation – la pensée du « nous contre eux ». La polyvalence – la diversité – est un objectif intéressant et réalisable. Personne ne conteste que la diversité en soi permet la dépolarisation. À mon avis, il s'agit également d'un principe fondamental de la stratégie de polarisation. Les pôles opposés n'ont pas besoin de se respecter si moi, stratège de la polarisation, j'ai la capacité d'écouter avec empathie. Mon empathie s'accroît lorsque je constate à quel point nous avons besoin de toutes les parties concernées. La société inclusive est un objectif qui se légitime lui-même ; c'est une condition nécessaire, et non une étiquette idéalisée servant à camoufler les problèmes liés à la différence, au conflit et à la polarisation. Dans une société inclusive ou dans une équipe inclusive, le conflit et la polarisation apparaissent comme des occasions de s'expulser les uns les autres, ou même de se chercher les uns les autres. La différence est un antidote bienvenu à l'unilatéralisme. La diversité n'est donc pas le problème. Une bonne perception de la diversité rend possible une société inclusive.

Vers un nouveau journalisme

Dans un manuel sur la polarisation, le rôle du journalisme doit être pris en compte. Sinon, nous négligerions un acteur très influent. Cependant, jusqu'à présent, j'ai délibérément évité d'évoquer les médias, car il est trop aisé de leur attribuer le rôle de bouc émissaire. Cette tendance empêche une analyse approfondie. « Tout est de la faute des médias », tel est le message facile que je perçois chez certaines personnes qui commentent mes conférences sur le dialogue, la polarisation et la radicalisation. Après avoir pointé du doigt la culpabilité des médias, l'orateur s'abstient généralement de toute réflexion personnelle supplémentaire. C'est trop simple et surtout c'est faux.

Les médias exercent certes un impact considérable sur la polarisation, mais la dynamique se poursuivrait même sans eux. Ils en sont le catalyseur plutôt que la cause. Le journalisme se situe sur la ligne médiane, une nouvelle approche dans mon modèle, dans une tentative professionnelle de travailler de manière indépendante et objective. Et du simple fait de cette position médiane, ils se présentent déjà en candidats parfaits pour le rôle de bouc émissaire. Mais dans ce livre, je ne veux pas assigner ce rôle au journalisme, car cela le déchargerait de sa responsabilité.

Les médias reflètent le champ de tension des acteurs et révèlent les extrêmes de la polarisation. Ce sont les catalyseurs du processus, ajoutant à la pression de la polarisation. Ils font monter cette pression chez le lecteur du journal, le téléspectateur, l'auditeur de la radio, le follower des réseaux sociaux (X). En essayant de présenter les deux côtés de l'argument, le pour et le contre d'une question, tous les points de vue, ils sont un canal pour ce carburant. Cela fait partie de la méthode de travail de cette profession. Les voix des instigateurs – le carburant – sont prises en compte les premières. Un article de fond, un reportage ou un documentaire suivent parfois les préoccupations du milieu, des silencieux. Mais dans les émissions de débat ordinaires ou dans les chroniques, vous entendez principalement la voix tranchante de l'instigateur. Dans le journalisme traditionnel, telle est la conception de l'équilibre : on montre les deux pôles opposés et on laisse le public se prononcer.

Le journaliste connaît la nuance, il la cherche aussi, mais en général seulement dans le cadre de la polarisation dicté par les instigateurs. Ce sont ces derniers qui animent le plus le débat. Deux candidats issus de partis du centre ne font pas de bons partenaires de discussion pour une émission de télévision qui veut faire de l'audience. Il faut plus que cela pour créer une bonne émission de télévision. Les deux pôles opposés peuvent, eux, y parvenir. Les médias catalysent la polarisation, et l'essor des réseaux sociaux n'a fait que renforcer cette action catalytique. Il y a trente ans, le journal télévisé du soir fournissait à tout le monde matière à discussion pour le lendemain, et peut-être le carburant de la polarisation. Cela ne se produisait qu'une fois par jour. Aujourd'hui, à tout moment de la journée, 24 heures sur 24, 7 jours sur 7, les blogs, les vlogs, les tweets et les communiqués de presse fournissent toutes sortes d'informations. Il est frappant de constater que, d'une part, les réseaux sociaux offrent une soupape de sécurité inédite, que les silencieux peuvent tout particulièrement utiliser pour partager des nouvelles, aussi merveilleuses que précieuses. Mais d'un autre côté, les réseaux sociaux sont aussi l'instrument numéro un pour les partisans et les instigateurs qui cherchent à attirer l'attention du public sur leurs discours musclés.

Le journalisme traditionnel ne réfléchit pas à ces effets ; il est dépassé par les nouveaux médias qui créent leur propre dynamique. C'est pourquoi les journalistes se battent et s'efforcent de développer une forme de « journalisme constructif ». La journaliste Cathrine Gyldensted, de Copenhague, en donne un aperçu dans son livre *From Mirrors to Movers*[1]. Le journalisme constructif suggère que le journaliste n'est pas seulement un miroir de la société, mais qu'il fait aussi bouger cette société. Il est explicitement responsable de la direction de ce mouvement. Le journalisme traditionnel pense en termes de pôles opposés – auteur et victime – et distribue toutes les personnes interrogées dans ces rôles. La crise économique américaine met en scène des coupables – par exemple, les riches banquiers et les profiteurs de Lehman Brothers –, mais aussi des victimes, la pauvre femme noire sans-abri qui doit encore rembourser le prêt hypothécaire de la maison qu'elle a dû quitter parce qu'elle était assaillie par les créanciers.

Le journalisme traditionnel reste suspendu à ces rôles, proposés dans le cadre de l'opposition entre le coupable et la victime. Il sert parfaitement la polarisation désespérée des riches contre les pauvres en collant des étiquettes sur les identités, ce qui alimente la polarisation. C'est comme s'il n'y avait que des coupables et des victimes : des pôles opposés ; comme si la tâche principale consistait à

1. *From Mirrors to Movers : Five Elements of Positive Psychology in Constructive Journalism*, s.l., GGroup Publishing, 2015.

trouver un bouc émissaire. C'est un réflexe sociétal, et souvent aussi un réflexe journalistique, que de vouloir faire rendre des comptes et pointer du doigt les coupables. Qu'est-ce qu'il s'est passé, où et pourquoi, et qui peut en être tenu pour responsable ? Le journalisme traditionnel pense en termes de cinq rôles dans le cadre cognitif de la polarisation et se place dans le rôle principal de l'observateur objectif, dans la position où j'ai précédemment placé les constructeurs de passerelles. Ils se tiennent là, occupés à délibérer entre les deux pôles, tandis que ces pôles s'en donnent à cœur joie sur un champ de tension qu'ils ont eux-mêmes créé.

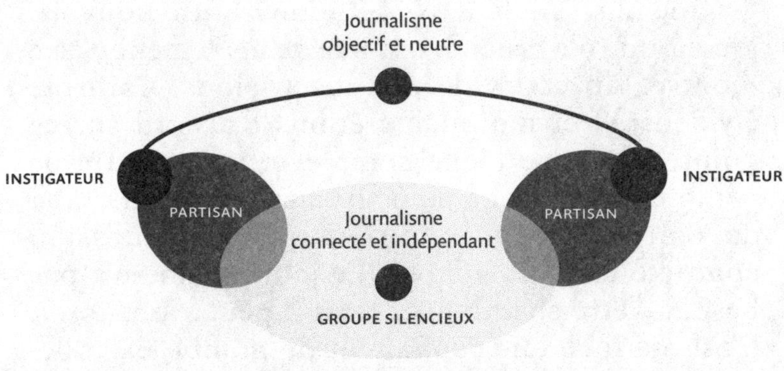

Figure 18. Journalisme constructif et polarisation.

C'est un défi de développer le même quatuor – les quatre éléments qui changent la donne –, tant dans le journalisme que dans d'autres professions. Le journaliste constructif de l'avenir n'est pas le constructeur de passerelles qui plane au-dessus des parties polarisées et qui continue à attiser le feu – certes involontairement. Ce journaliste opte pour une position médiane et il écoute. Il entretient de bonnes relations avec toutes les parties : c'est de là qu'émane son indépendance. Je crois que ce journaliste du futur est capable de troquer l'illusion de l'objectivité contre une position médiatrice assortie d'une nouvelle attitude, d'une nouvelle ambition, non pas objective, mais connectée. Cela reste essentiel, en gardant toujours à l'esprit qu'à côté de tout le bruit que produisent les pôles, un autre récit est possible, celui des silencieux. Les personnes qui font partie du groupe des silencieux détiennent un pouvoir, jouent un rôle crucial, qui mérite également d'être montré. Au cours de nos discussions, Cathrine Gyldensted et moi-même étions d'accord sur ce point. C'est une tâche complexe, mais en fin de compte, le journalisme peut aussi contribuer à la dépolarisation, à condition que la profession continue à se développer. Le journalisme n'a pas besoin d'être chamboulé, mais il peut s'améliorer. C'est aussi ce que souhaitent de nombreux collègues de Cathrine Gyldensted, qui seraient heureux de compléter la méthode de travail habituelle, de puiser dans d'autres sujets, à partir d'une autre position, avec un autre groupe cible et surtout sur un autre ton : un ton constructif. Toutes les professions ont précisément besoin de ce même quatuor pour se dépolariser.

Le journalisme constructif introduit une différence et cela semble répondre à un besoin. Cathrine Gyldensted a consulté plusieurs études. Il semble que les messages qui s'adressent à la jeune génération soient exactement les mêmes que ceux qui offrent de l'espoir, qui sortent du schéma coupable/victime. Ces messages constituent des innovations qui offrent un contrepoids à l'ancienne conception. Cela ne signifie pas que l'on se retrouve avec un « journalisme de bonnes nouvelles », du type « Des ours polaires jumeaux sont nés dans un zoo allemand, la mère et les petits se portent bien ». Il s'agit de rendre compte de ce qui est pertinent, de couvrir correctement et équitablement les sujets du journalisme traditionnel, mais aussi de sortir du cadre de la presse à sensation. Ainsi, un reportage sur les effets de la crise financière aux États-Unis ne se contentera pas de montrer des files d'attente devant les soupes populaires, de pauvres hères, les épaules affaissées, un sac en plastique à la main, attendant leur ration. Il ne présentera pas non plus un bilan où les chiffres soigneusement orientés du troisième trimestre indiquent une légère hausse des ventes de voitures, indicateur de la reprise économique. Non, le journalisme constructif montre qu'en dépit de tous les problèmes, les gens se révèlent capables de prendre position. Ils sont toujours autre chose que de simples victimes, étiquetées en ce sens par les instigateurs ; ils sont toujours plus que de simples coupables. Comme l'écrit Cathrine Gyldensted dans *From Mirrors to Movers*, « c'est aussi la tâche du journaliste que d'offrir de l'espoir ». La jeune génération en a assez de la tonalité déprimante des journaux du matin. Ce bruit de fond négatif n'apporte pas grand-chose et, surtout, il ne possède pas plus de valeur que n'en aurait une tonalité constructive.

TABLE

DEUXIÈME PARTIE
Le conflit, petit frère de la polarisation

TROISIÈME PARTIE
Des stratégies pour dépolariser

pcacmb
édition pré-presse
livres numériques

44400 Rezé

IMPRIM'VERT®

Achevé d'imprimer
en janvier 2025
par Corlet Imprimeur
14110 Condé-en-Normandie

Dépôt légal : janvier 2025
N° d'Imprimeur : 24100375
Imprimé en France